AI와 뇌의 인식론

AI총서

인공지능 시대입니다. 기계가 인간의 인지를 대신하고, 사물이 인간을 통하지 않고 다른 사물과 직접 커뮤니케이션합니다. 이에 따른 인간 삶과 문명 변화를 정확히 이해 · 예측 · 대응하는 것은 이 시대 우리 모두의 과제입니다. AI총서는 인공지능 기술과 환경의 여러 주제를 10가지 키워드로 정리합니다. 관련 개념과 이론, 학계와 산업계의 쟁점, 우리 일상의 변화를 다룹니다. 인간과 기술의 현재, 미래를 세심히 분석합니다.

일러두기

- 인명, 작품명, 저서명, 개념어 등은 한글과 함께 괄호 안에 해당 국가의 원어를 병기했습니다.
- 외래어 표기는 현행 어문규정의 외래어표기법을 따랐습니다.

처음이세요?

전문가세요?

AI와 뇌의 인식론

박제윤

대한민국, 서울, 커뮤니케이션북스, 2025

AI와 뇌의 인식론

지은이 박제윤
펴낸이 박영률

초판 1쇄 펴낸날 2025년 11월 17일

커뮤니케이션북스(주)
출판 등록 2007년 8월 17일 제313-2007-000166호
02880 서울시 성북구 성북로 5-11
전화(02) 7474 001, 팩스(02) 736 5047
commbooks@commbooks.com
www.commbooks.com

ISBN 979-11-430-1448-1 03500

책값은 뒤표지에 표시되어 있습니다.

차례

과학 연구와 철학, AI 연구와 철학

이 책은 AI 연구와 뇌 연구 사이에, 그리고 그런 연구와 인식론 연구 사이에 긴밀한 연관성을 강조한다. 한국에서 일반적으로 AI 연구에 철학이 긴밀히 관련된다는 것은 거의 알려지지 않았다. 그뿐만 아니라 과학 연구에 철학 연구가 필요하다는 것조차 과학 사회에 거의 알려지지 않았다.

전통적으로 철학에서 '인식론(epistemology)'이란 '지식론(theory of knowledge)'이라고도 불리며, 지식 및 인식의 가능성 및 범위(한계), 그리고 지식의 종류 및 특성 등에 대한 연구다. 예를 들어, 칸트는 ≪순수이성비판≫에서 지식을 세 종류로 나누고, 그중에 뉴턴 역학의 지식을 "선험적 종합판단"으로 구분한다. 그런 지식은 우리가 '사고만으로 필연적 참인 판단(지식)을 확장할 수 있는' 특징을 갖는다. 그는 우리의 순수이성이 그런 지식을 어떻게 가질 수 있는지를 설명하려 했다. 그리고 그는 그런 인식론 연구를 선험적으로 연구했다. 다시 말해서, 그는 자신의 사고를 내성적으로 탐색함으로써 그런 지식의 가능성을 해명하려 했다.

그러나 20세기에 등장한 미국 프래그머티즘에서 철학에 경험 과학을 끌어들여 연구하자는 주장이 생겨났다. 특히 최근 인식론을 신경과학에 기초하여 연구하자는 주장이 있으며, 이런 입장은 '신경-인식론(neuro-epistemology)'이라 불린다. 이 책은 AI를 '뇌의 인식론', 즉 신경인식론의 입장에서 다룬다. 최근 출현한 딥러닝(심층학습) AI는 신경계의 병렬 처리 특징을 모방한 인공신경망 AI다. 그런 AI를 더 잘 이해하려면 그것을 신경인식론의 관점에서 살펴볼 필요가 있다.

AI 연구는 인공적으로 '지능'을 구현하려는 과제를 수행하며, 그러자면 '지식' 및 '추론' 자체부터 탐색해야만 한다. 다시 말해서, AI 연구자는 처음부터 '지식'과 '추론'이 무엇인지 전통 철학자가 탐구해 온 '인식론'의 문제에서 자신의 물음을 시작할 필요가 있다. 그런 물음을 올바로 던지려면, 과거 어떤 질문이 있었으며 어떤 대답이 있었는지, 그리고 그 대답에 어떤 문제가 다시 지적되었고, 그 질문이 다시 어떻게 바뀌었는지 등에 관한 역사를 알아야 한다. 새로운 질문, 즉 창의적 질문을 하려는 연구자라면 말이다.

물론 이런 고려는 다만 AI 연구자에게만 필요한 것이

아니다. 모든 분야의 연구자들은 더 나은 연구를 위해 자신이 연구하는 지식 및 추론에 관해 비판적으로 생각해 봐야 한다. 그런 측면에서, 인식론 공부는 어느 연구자라도 필요한 공부다.

아마도 이 책의 제목 ≪AI와 뇌의 인식론≫에 당황스러워하는 철학자가 있을 것이다. 전통적으로 '인식론'이란 인간의 지식(앎)에 관한 탐구였기 때문이다. 그러나 현재 인간의 지식 또는 믿음은 뇌 신경학의 측면에서 탐구되고 있으며, 그런 연구는 AI의 개발에 발판이 되었다. 이 책은 뇌의 지식(믿음)에 관해, 그리고 AI의 지식에 관해 비판적으로 검토한다. 나아가서 이 책은 신경인식론의 관점에서 미래 AI에 대한 전망도 해 본다.

이 책이 AI와 뇌에 관한 철학을 다루는 만큼, 각각의 장마다 그 머리에 궁극적 의문을 제시하였다. 그런 의문은 각 단원의 주제인 셈이다. 독자는 각 단원의 본문을 읽기에 앞서 그런 의문에 대해 스스로 대답을 생각해 본 후, 본문을 읽으면 좋을 것 같다. 이 책은 그것을 아래와 같은 순서로 다룬다.

1장 'AI의 아버지'는 인공지능의 아버지로 불리는 튜링에 관해 다룬다. 그는 자신의 논문(1936)에서 '계산 가능성' 문제를 철학적으로, 즉 궁극적 질문으로 시작한다.

'계산'이 무엇인가? 그는 동시에 힐베르트가 제안했던 수리철학의 문제를 다룬다. 그는 후속 논문(1950)을 철학 전문 학술지 ≪마인드(Mind)≫에 실었으며, 지적 기계가 지능을 가질 가능성을 논리적으로 검토한다. 결론적으로 그는 자신이 구상하는 계산기가 미래에 인간과 논리적 사고에서 경쟁하고, 말할 줄 알며, 학습할 것이라고 확신했다. 당시에는 물론 최근까지도 일반인과 전문가들이 동의하기 어려웠던 그의 확신은 오늘날 설득력을 얻는 중이다. 그가 그렇게 확신할 수 있었던 배경에 어떤 선배 철학자의 노력이 있었는가? 그것을 다음 장에서 다룬다.

2장 '언어 계산 논리'는 여러 수리철학자들, 프레게, 러셀, 비트겐슈타인 등의 철학적 탐구를 살펴본다. 그들은 일상 언어를 수학적 기호로 변환한다면, 계산할 수 있을 것이라 기대하였다. 프레게가 처음 아이디어를 내놓았고, 러셀이 그것을 '술어 논리'로 완성했으며, 비트겐슈타인은 그것을 '명제 논리'로 다시 개선했다. 러셀과 비트겐슈타인이 제안한 새로운 '기호 논리' 체계는 사람의 사고 과정을 계산적으로 접근할 수 있음을 보여주었다. 그들에게 언어란 곧 사고(생각)의 표현이다. 그러므로 언어를 기호로 변환시켜 계산할 수 있다는 것은, '생각'

을 계산할 수 있음을 의미했다. 다시 말해서 '생각하는 기계'가 가능하다고 말해 주는 것 같다. 그런 배경에서 튜링은 미래 계산기가 지적일 것이라고 확신할 만했다. 그러나 정작 그런 확신을 실제로 구현한 후 폰노이만은 그런 확신에 의문을 가졌다.

3장 '뇌의 계산 처리'는 폰노이만의 새로운 계산기 개념을 다룬다. 그는 튜링의 지도 교수로서, 최초 컴퓨터 개발에 참여하였고, 오늘날 범용 컴퓨터 모델, 즉 폰노이만 아키텍처를 제안했다. 그러나 그는 그런 시리얼(순차처리) 계산은 뇌의 병렬 처리 계산과 대비된다고 생각했다. 그는 당시 신경계에 관한 연구로부터, 미래의 컴퓨터는 병렬 처리 계산을 실행하도록 개발되어야 한다고 주장한다. 비록 그가 암으로 세상과 일찍 이별했고, 따라서 후속 연구를 지속할 수 없었지만, 그가 제안했던 병렬 처리 계산은 오늘날 꽃을 피우는 중이다. 그런 계산이 어떻게 작동한다는 것인지 궁금해진다.

4장 '병렬 처리와 학습'은 신경계가 어떻게 학습하여, 정보를 저장하고 추론할 수 있는지를 다룬다. 특히 도널드 헵의 신경 학습에 관한 연구, 그리고 신경 학습에 대한 에릭 켄델의 실험 연구와 그의 철학적 사유를 다룬다. 이런 신경학 연구로부터 인공신경망 AI가 강화 학습할 수 있다는 생각이 나왔다. 이런 연구 흐름에서 제프리 힌턴은 오류 역전파 학습을 제안할 수 있었다. 과연 이러한 연구 성과로부터 전통 인식론의 물음에 어떤 대답이 가능할지 궁금해진다.

5장 '뇌의 지식'은 전통 인식론의 가장 근원적 물음에 대한 신경인식론의 대답을 다룬다. 구체적으로, 고대 그리스에서 플라톤은 기하학을 공부하며 보편적 및 추상적 지식의 근원에 대해 의문을 가졌다. 그리고 아리스토텔레스는 생물학을 공부하며 생물의 본성 및 일반화를 어떻게 얻을지, 즉 과학의 방법론에 대해 궁금해 했다. 그들은 자신이 다루는 지식 자체가 무엇인지, 그리고 자신이 연구하는 논리적 방식이 무엇인지를 궁금해했다. 최근까지 그들의 의문에 대해 만족스러운 대답은 이루어지지 못하고 있었다.

AI가 지식을 구현하려면, 지식 자체가 무엇인지, 즉 '추상적 개념'과 '일반화'가 무엇인지 해명되어야 한다. 이제 신경학의 발달과 인공신경망 AI 연구에 근거해서 신경철학자 처칠랜드 부부는 위의 전통 인식론의 의문에 대해 신경인식론의 관점에서 새로운 대답을 내놓는다. 그 대답이 무엇인지 여기에서 간략히 소개한다. 그런데 정신 현상에 대해 물리적으로 접근하는 그들의 연구가 적절한지 도전이 적지 않다.

6장 '표상과 환원'은 처칠랜드 부부 철학자와 같은 환원주의 시도에 대한 반론과 정당성을 다룬다. 전통적으로 여러 철학자, 특히 데카르트와 같은 이원론 철학자들과 일부 현대 철학자들은 정신의 영역을 물리적 또는 물질적 영역으로 접근하는 것에 강하게 저항했다. 그들은 비물리적 정신의 문제를 물리적 뇌와 컴퓨터 연구로부터 설명하려는 시도에 대해 '환원주의' 또는 '범주 오류'라고 지적한다. 그리고 호주 철학자 차머스는 AI 연구와 관련하여, '쉬운 문제'와 '어려운 문제'를 구분한다. 그는 우리가 주관적으로 생생하게 느끼는 세계에 대한 감각인 '의식'을 물리적으로 설명하기란 어려운 문제라고 전망한다. 그런 지적 및 전망을 처칠랜드 부부 철학자는 어떤 근거와 논리에서 넘어설 수 있다고 생각하는지를 살펴본다. 이제 그들의 가설에 기초하여 우리의 지적 성장이 어떻게 가능한지, 나아가서 AI도 창의성을 가질 수 있는지, 만약 그렇다고 한다면 그것이 왜 가능한지 궁금해진다.

7장 '뇌와 AI의 창의성'은 창의성이 무엇인지를 신경학 연구와 인공신경망 AI 연구에 기초하여, 그리고 신경인식론의 관점에서 가설적으로 해명한다. 뇌는 세계에 대한 패턴을 학습하며, 인공신경망 AI 역시 세계에 대한 패턴을 학습한다. 그런 패턴 학습이란 전통적 인식론이 이야기했던 '개념' 및 '일반화'를 습득하는 것에 비유된다. 뇌와 인공신경망 AI가 새로운 개념 및 일반화를 습득한다면, 그것들을 통해 세계를 인지하고 예측할 '개념 체계' 또는 '이론 체계'를 습득하는 것과 같다.

인공신경망 AI 연구자들은 인공신경망의 (학습된) 은닉 유닛 층에 오륫값을 부여하여 '재학습'을 유도한다. 그렇게 오류를 가정하고 재학습을 유도하는 것은 일종의 '의심하기'와 같다. 이미 잘 알고 있다고 가정했던 지식(믿음)에 대한 의심하기다. 또한 비판적 태도이기도 하다. 그런 태도의 질문은 뇌 신경망을 흔들어, 스스로 새로운 패턴을 학습하도록 유도한다.

질문이란 '의식' 없이 가능하지 않다. 그리고 철학자들이 오랫동안 모색하고 활용했듯이, 의식을 잘하는 방법은 '비판적 질문'이다. 의심하기와 비판적 질문 사이의 관계를 좀 더 알아보려면, 신경망과 의식 사이의 관계를 더 알아보아야 한다.

8장 '뇌와 AI의 의식'은 비판적 태도 혹은 비판적 질문과 의식의 관계를 다룬다. 아직 신경학에서 '의식'이 무엇인지 연구가 완성되지 못했다. 의식에 관해 적지 않은 여러 가설이 존재하지만, 그중 어느 것이 유력한 가설인지조차 학계에 합의되지 못하고 있다. 현재 가장 주목 받는 두 가지 의식 이론은 '전역(신경) 작업 공간 이론'과 '통합 정보 이론'이다. 일상적 관점 및 이런 두 가지 의식 이론에 따르면, 의식이란 직관적으로 명확해 보이는 '주관적 느낌으로서의 감각'이다.

이 책은 지금까지 일상적으로 가정되고 이해되었던 의식에 대해 도전한다. 철학자 콰인의 전체론(holism)에 비추어, 그리고 처칠랜드 부부의 '이론간 환원(intertheoretical reduction)' 및 '통섭(consilience, 부합)'의 관점에서, 의식의 직관적 자명함은 의심될 수 있다. 과학사에서 볼 수 있듯이, '시간'과 '공간'처럼 일상적으로 명확히 이해되었던 여러 직관적 개념이 무너지고 바뀌어왔다(뉴턴에서 칸트로, 그리고 아인슈타인에게로). 지금까지 연구된 몇 가지 신경학 실험에서 볼 때, 의식에 대한 이해만은 그런 변화를 겪지 않을 것이라 우리는 확신하기 어렵다.

진화론의 관점에서, 의식은 동물이 살아가면서 마주하는 문제를 창의적으로 해결하기 위한 수단을 제공한다. 그 해결은 문제 상황을 의심 또는 의식함으로써, 즉 신경망의 새로운 연결을 모색함으로써 이루어진다. 언어를 사용하지 못하는 동물들도 새로운 문제에 대한 해법을 찾아낸다. 그러자면 그들도 이전과 다른 새로운 신경망 연결을 찾아내거나 학습할 수 있어야만 한다. 그리고 동물 역시 그것을 할 수 있다는 측면에서 분명 의식은 언어 이하 수준에서 작동해야 한다.

이 책이 지지하는 의식 이론은 "재귀적 계산 처리 이론"이다. 의식은 재귀적 계산 처리 과정에서 새로운 학습을 유도하며, 그 과정에서 미처 의식하지 못했던 과거 경험이나 지식을 꺼내어 활용할 수 있도록 한다. 이런 측면에서 의식은 창의성의 원동력이다. 무엇을 의식한다는 것, 무엇을 경외한다는 것, 그리고 무엇을 의심하는 회의적 태도, 반성적 태도 등이 모두 재귀적 계산 처리를 유도하고, 새로운 학습을 유도한다. '명상' 또는 '마음 챙김' 역시 이러한 의식하기의 연습이라고 할 수 있다. 현재 AI는 재귀적 계산 처리를 실행한다는 측면에서 이미 의식적 작용을 실질적으로 실행한다고 말할 수 있다. 그리고 우리가 일상적으로 가지는 의식에 대한 이해는 일종의 '환영(illusion, 착각)'이다.

다만 현재 챗-GPT는 언어 사이의 관계를 인공신경망으로 학습한다. 폰노이만도 알아보았듯이, 지식은 언어로 표현되지만 언어적이지 않다. 그런 측면에서 현재

LLM(대규모 언어 모델) 기반의 AI는 인간 언어의 시뮬레이션이다. 그러므로 현재 그런 AI가 인간과 대화를 나누더라도 그것은 의식이기보다 유사-의식이다. 의식을 이렇게 이해하는 관점에 대해 다음과 같은 의문이 나올 수 있다. 그렇다면 언어는 인류에게 왜 중요한가?

9장 '뇌와 AI의 언어'는 뇌와 AI가 창의적이기 위해 광범위한 공부가 필요하다고 말한다. 지금까지 알아보았듯이, 신경망은 자기 조직화를 통해 세계에 대한 패턴을 학습할 수 있다. 그것이 새로운 개념 및 일반화를 습득하려면, 이미 학습된 신경망을 흔들어 새로운 신경망 활성 패턴을 찾아내야 한다. 다시 말해서, 창의적 해결을 위해 우리는 의심하고 흔들어댈 학습된 신경망을 '이미' 가지고 있어야 한다. 그런 폭 넓은 학습은 인간에게 언어가 있어 가능하다. 그런 측면에서 언어를 통한 지적 교류는 통섭 연구를 가능하게 해주며, 통섭 연구는 창의성의 자원이라고 말할 수 있다.

이제까지 신경인식론의 관점에서 뇌와 인공신경망 AI에 관해 살펴보았다. 이런 배경에서 우리는 차세대 AI에 관해 몇 가지 궁금한 질문이 나온다.

10장 '차세대 AI'는 최근 갑자기 성능이 좋아진 AI에 대한 몇 가지 의문을 다룬다.

첫째, 지금보다 뛰어난 능력을 위해 미래 AI는 어떤 것이어야 하는가?

신경인식론의 관점에서, 미래 AI는 실제 뇌를 더욱 닮은 것이어야 한다. 지금까지 AI는, 특히 LLM을 구현하는 AI 모델은 실질적으로 병렬 처리 계산을 구현하는 하드웨어가 아니다. 시리얼 컴퓨터로 그런 계산을 모방하는 것에 불과하다. 그것은 무수한 계산을 통해 소프트웨어로 그것을 구현한다.

그러나 뇌에는 소프트웨어가 존재하지 않는다. 하드웨어만으로 모든 행동 및 감정 조절과 지적 사고를 실행한다. 또한 우리의 표상은 배경 지식(믿음)에 의존한다. 이런 측면에서 온전히 하드웨어로 구동되는, 또는 지금과 매우 다르게 최소의 소프트웨어에 의존하는 하드웨어 중심의 병렬 처리 계산 AI가 등장해야 한다. 한국에는 하드웨어 가공 기술이 뛰어난 기업이 있다. 그런 연구 및 개발을 시도하지 않아야 할 이유는 없을 것이다.

둘째, 미래 AI가 도덕적 판단을 할 수 있을까?

신경인식론의 측면에서 인공신경망 AI가 다만 세계에 대한 표상만을 담아내는 것에 머물 이유는 없다. 뇌의 병렬 처리 계산 구조는 모든 영역에서 유사성을 보여준다. 그런 인공신경망이 다만 세계에 대한 표상만이 아니라,

감정 및 사회적 관습도 담아내는 것이 가능할 것이다. 우리는 아직 도덕 자체가 무엇인지 해명해 줄 어떤 결론에 이르지 못했다. 과연 도덕은 무엇일까? 어쩌면 이런 의문은 잠시 미뤄두고, 더 쉬워 보이는 질문, 즉 사회적 관습이 무엇인지부터 탐색하여 그것을 AI에 학습시키는 것이 현명한 방법일 것 같다.

셋째, AI가 인간을 초월하는 지적 존재로 등장할 것인가? 이미 부분적으로 AI는 인간의 능력을 초월한다. 그리고 새롭게 이해되는 '의식'을 AI가 모방하게 된다면, 그리고 그런 기반에서 언어를 구사한다면, 우리와 일상을 함께하는 존재로 등장할 것이며, 이것을 상상하는 것은 어렵지 않다. 레이 커즈와일이 말했듯이 곧 '특이점'에 도달할 것이다.

지금까지 신경인식론의 관점에서 미래 AI를 전망해 보았다. 그런 과정에서 '의식'을 상식적 이해와 전혀 다르게 이해하게 될 것을 전망해 보았다. 그리고 의식 또는 비판적 사고(질문)가 창의성을 유도할 원동력임도 알아보았다. 이런 이해에서 한국 사회에 던져주는 중요한 함축적 의미도 있다.

한국의 교육이 이제는 주입식 교육에서 벗어나 창의

성을 기르는 교육으로 나아가야 한다는 이야기는 넘쳐난다. 그렇지만, 지금까지 창의성 자체가 무엇인지, 과연 어느 방법이 창의성을 기르는 올바른 방법인지 여전히 의심되고 있다. 이 책은 '의식', 즉 비판적 의심이 우리 신경망을 흔들어 새로운 신경망 활성 패턴을 탐색하도록 유도한다는 것을 말했다. 만약 그런 의식 및 비판적 의심이 개인을 넘어 사회적 수준에서 일어난다면, 사회적 창의성도 유도할 수 있을 것이다.

2025년 현재 한국 사회는 정치적으로 두 진영으로 나뉘어 극단적으로 대립하고 있다. 많은 사람들이 정치인들의 선동에 맹목적으로 이끌리고 있으며, 어느 편을 두둔해야만 하는 패턴에 휘둘리고 있기도 하다. 이런 상황에서 국민은 '의식' 없이, 비판적 의심 없이 습관적으로 어느 편의 말에 이끌리거나, 어느 편에 가담한다.

물론 이런 행동 패턴도 어쩌면 자연선택에 의한 진화의 측면에서 이해될 수는 있다. 우리 뇌는 대부분 무의식적으로 행동하고 판단한다. 그런 습관적 실행은 진화적으로 하등 동물일 때부터 가지고 있던 뇌의 계산 처리 방식이었다. 그런 방식은 생존에 적지 않은 유리함을 주는 측면이 있기는 하다. 무의식적 뇌의 계산 처리가 빠른 처리 속도를 제공해 주며, 적은 에너지로 작동할 수 있게 해 주기 때문이다.

그러나 고도로 진화된, 특히 많은 정보 및 지식을 처리해야 하는 상황에서 뇌는 의식이 필요해졌다. 무의식적이고 무비판적인 습관적 행동 및 생각을 수정할 수 있어야 하기 때문이다. 그런 수정은 재귀적 계산 처리 회로에 의해 가능하다. 이것은 새로운 경로를 탐색하게 해 주고, 새로운 추상적 개념을 창조할 수 있게 해 준다.

이것은 다만 개별 뇌에서만 일어나는 현상이 아니다. 정치적으로 어느 편에 쉽게 선동되는 습관적 행동 패턴에서 벗어나려면, 모두는 아니더라도 많은 국민이 의식하는, 비판적 의심하기를 습관적으로 실천할 필요가 있다. 평소 자신이 믿고 지지하는 편협한 사고에서 벗어나 새로운 세계를 전망하려면, 스스로에 대해서 그리고 자신이 신뢰한 것조차 의심해야 한다. 이것은 일종의 '사회적 의식하기'다. 사실 민주주의 아버지로 불리는 로크는 '우리가 결코 진리를 알 수 없다'는 반성적 인식에서 의회에서 공개적으로 토론되는 사회를 꿈꾸었다.

사회적으로 사람들 사이의 뇌는 언어적으로 연결되어 있어서, 서로 유사한 의미론적 존재로 살아간다. 언어는 개인 뇌의 정보 및 사고가 타인 뇌의 정보 및 사고에 영향을 미칠 수 있게 해준다. 한 사회 속에서 개인의 의식 및 비판적 사고는 타인 및 사회적 집단에 의식 및 비판적 사고를 일으킬 수 있다. 사회적 문제를 공개적으로 제안하고, 공개적으로 의문을 유도한다면, 누군가는 새로운 신경망의 정보를 통해 새로운 판단을 얻어낼 것이기 때문이다. 이것이 바로 공개 토론의 의미와 가치다.

그리고 사회적 구성원들이 앞선 경험을 고려하여 비판적 질문 및 의심하기에 숙달되어야 한다. 그런 의문 및 의심은 그 구성원들로 하여금 각종 사회적 문제를 창의적으로 해결할 능력을 길러줄 것이다. 그리고 무엇보다도 어느 정치인 또는 정당에 휘둘려서, 어느 한 편만을 맹목적으로 따르는 것에서 벗어나도록 해 줄 것이다.

한국 사회가 빠르게 경제적으로 성장할 수 있었고, 성숙한 민주주의에 도달할 수 있었던 것은 사회 구성원들이 매우 비판적으로 의심하는 습성을 지녔기 때문이다. 학교에서 주입식 및 암기 위주의 교육을 받았음에도 불구하고, 한국의 국민은 매우 비판적인 측면이 있다. 그것은 아마도 그럴 만한 역사적 배경이 있어서일 것이다. (여기서 그 역사적 배경을 논하는 것은 이 책의 주제를 너무 벗어날 것 같다.)

그럼에도 한편으로 지금 한국 사회는 정치적으로 극단적인 대결 양태를 보여준다. 그만큼 더욱 성숙한 사회를 위해 비판적 질문을 체계적으로 할 수 있어야 한다. 올바른 또는 좋은 질문은 좋은 해결을 모색하도록 유도하기 때문이다. 그런 질문을 위해 구성원은 앞선 문제와 질문을 알아야 하며, 그것에 대한 대답 및 해결이 무엇인지도 알아야 한다. 그러므로 이제 한국인은 철학을 공부할 필요가 있다. 과거의 궁극적 질문을 알아보고, 그런 질문에 대한 과거의 대답을 살펴봄으로써, 오늘의 질문을 올바로 던질 수 있기 때문이다.

아마도 이것이 한국이 선진국으로 진입하는 마지막 문턱일 것 같다. 한국 사회가 이 문턱만 넘어선다면, 진정한 문화 강국으로 들어설 것 같다. 이것이 이 책 ≪AI와 뇌의 인식론≫이 많은 사람들에게 알리고 싶은, 사회적 의식을 촉발하고 싶어 덧붙이는 이야기다. 물론 이 책의 중심 주제는 AI와 뇌 연구가 인식론과 깊게 관련되어 있음을 강조하는 것이다.

(이 책은 앞선 저자의 책, ≪철학하는 과학, 과학하는 철학≫(전4권)에서 상당 부분을 가져왔음을 밝힌다.)

01
AI의 아버지

기계가 계산할 수 있는가?
그런데 '계산'이 무엇인가?
계산 기계가 지능을 가질까?
그런데 '지능'은 무엇인가?
결국 기계가 생각할 수 있는가?

기후 위기와 인공지능?

최초 컴퓨터 철학 논문

AI(인공지능)의 아버지로 불리는 영국의 앨런 튜링(Alan M. Turing, 1912~1954)은 수학자이며, 컴퓨터 과학자이고, 암호 해독 전문가이며, 이론 생물학자이고, 철학자다. 그가 최초로 컴퓨터 개념 설계를 제안한 논문은 "계산 가능한 수에 대하여: 결정 문제에 적용하여(On Countable Numbers, with an Application to the Entscheidungsproblem)"(1936)이다. 이 논문은 수학 전문 학술지에 투고되었다. 그때는 컴퓨터 과학이란 분야 자체가 생겨나기 이전이며, 당연히 그 분야의 전문 학술지도 없었다. 이 논문은 기계가 어떻게 수학적 계산을 할 수 있을지를 다루면서, 동시에 수학의 지식 체계에 관한 수리 철학 문제를 다룬다.

이 논문에서 다루는 수리 철학 문제, 즉 '결정 문제'는 독일 수학자 다비드 힐베르트(David Hilbert, 1862~1943)에 의해 1928년 제안되었다. 그는, 어느 기호 형식 체계 내의 특정 명제가 옳은지를, 그 체계 내에서 증명할 수 있을지 궁금해했다. 그런 철학적 의문에 대해 수학자이며 철학자인 쿠르트 괴델(Kurt Gödel, 1906~1978)은 1930년과 1931년 논문에서 '증명할 수 없다'는 대답으로 "불완전성 정리"를 내놓았다. 튜링 자신도 그와 같은 의

견임을 밝히면서, 수를 계산하는 기계적 절차가 어떻게 가능한지를 다음과 같이 설명한다.

"내 정의에 따르면, 수란 그 십진법이 기계에 의해 받아 적어질 수만 있다면, 계산 가능하다." 그의 말에 따르면, 프로그램의 지시에 따라 테이프의 빈칸에 숫자 0과 1을 쓰고, 지우고, 다시 적어 넣기를 적절히 실행하는 것만으로 계산이 가능하다. 이것이 바로 '튜링 머신(Turing Machine)'의 개념이다.

그가 이런 대답을 내놓은 것은 우리 모두 당연히 잘 알고 있다고 가정하는 '계산'이란 개념 자체가 무엇인지 물었기 때문이다(이런 궁극적 물음이 새로운 발견을 어떻게 유도하는지는 7장에서 다룬다). 튜링의 대답에 따르면, 수를 적어 넣을 긴 테이프를 좌우로 움직이며, 그곳의 수를 쓰고, 읽고, 변환시켜 다시 적어 넣는 것이 곧 계산이다. 그렇게 산술 계산이란 특정한 규칙(알고리즘)에 따라 숫자를 변환시킴으로써 가능하다.

수를 적어 넣을 테이프는 일종의 저장 장치이고, 계산기의 기본 작동은 그 '저장 장치'를 통해서 이루어진다(이 이야기는 이 책의 10장에서 다룰 차세대 AI의 하드웨어에 대한 이해와 맞닿아 있다. 그러므로 잘 기억해 두자).

계산기와 지능

튜링은 자신의 계산기 모델이 인간의 가장 단순한 지적 활동으로서 산술 계산을 고려하지만, 미래에는 인간의 모든 지적 활동을 수행할 수 있다고 전망한다. 그러므로 그의 궁극적 질문은 당연히 이러했다. '지능'이 무엇인가? 기계가 생각할 수 있는가? 생각한다는 것이 무엇인가? 그는 이런 질문에 대해 1950년 논문, "계산기와 지능(Computing machinery and Intelligent)"에서 대답한다. 그는 이 논문을 철학 전문 학술지, 《Mind(마인드)》에 발표했다. 그는 철학자였다.

우리가 일상적으로 사용하는 '생각', '지능' 등의 용어는 애매하게 사용된다. 우리는 '생각'이나 '지능'을 '오직 인간만이 가질 수 있는 무엇'이라고 암묵적으로 가정하기 쉽다. 그런 가정에서라면, 그 어떤 것도 인간이 아니라면 지적일 수 없다. 예를 들어, 주인의 지시와 말을 아무리 잘 알아듣고 행동하는 강아지라도 그것은 결코 지적일 수 없다. 그는 그러한 가정과 추론을 새로운 시각에서 바라볼 필요가 있다고 생각했다.

이 논문에서 튜링은 사고 실험으로 '모방 게임(imitation game)'을 제안한다. 만약 미래 계산기가 사람처럼 대화한다면, 그래서 그 계산기가 자신이 사람이라고 우리를 속일 정도라면, 즉 그것이 '튜링 테스트(Turing Test)'를 통과한다면, 그것이 지능을 가졌다고 인정해야 한다.

튜링 테스트를 아래와 같이 현대적으로 조금 바꿔 보자. 나는 친구와 대화하면서, 그가 내가 동일한 지적 존재라고 믿는다. 그런데 만약 칸막이를 두고 서로 대화를 이어가는 상황에서, 그 친구의 대화를 AI가 이어간다고 상상해 보자. 내가 만약 대화 상대가 바뀐 것을 알지 못한다면, 그 대화 상대가 여전히 내 친구라고 믿고 있으며, 따라서 여전히 지적 존재와 대화중이라고 믿을 것이다. 그런 가상의 조건에서라면, '사실상' AI가 지능을 가졌다고 믿을 만하다. 그런데 만약 그것이 사람이 아닌 AI라고 알게 된다면, 그 후에도 우리는 그것이 지능을 갖는다고 여전히 믿을까?

그럴 수 없다는, 즉 그 AI는 지적 존재가 아니라는 관점이 있다. 그것이 아무리 인간처럼 대화하더라도, 생각하는 존재라고 여길 수 없다는 관점이다. AI가 아무리 정교한 대화를 이어가더라도, 그것은 단지 프로그래머가 정한 규칙에 따라, 또는 학습한 데이터에 따라 사용자와 반응한 것에 불과하기 때문이다.

튜링은 자신의 논문에서 미래 계산기가 지능을 가졌

다고, 즉 생각하는 존재로 받아들이기 어려운 아홉 가지 논증을 가정한다. 그리고 그것들을 철학적으로 반박한다. 그런 회의적 논증에서 가장 유력해 보이는 네 번째 논증은 아래와 같다.

> 아무리 미래의 컴퓨터(또는 AI)라도 그것이 결코 인간처럼 경험적 느낌, 즉 의식을 갖지는 못할 것이므로 그것을 지적이라고 인정할 수 없다.

만약 독자가 논리학을 공부하지 않았거나, 공부했더라도 이 논증의 논리적 오류를 보지 못한다면, 이런 논증에 설득당하기 매우 쉽다. 그러나 튜링은 이런 논증이 '선결 문제 요구(begging the questions)의 오류'를 범한다고 지적한다. 스스로 증명해야 할 것을 전제(가정)하기 때문이다. 이런 논증은 오직 인간만이 감각적 느낌을 의식할 수 있음을 전제하면서, 미래의 컴퓨터는 그럴 수 없다고 논증하기 때문이다(이런 논의를 펼치는 튜링은 철학자였다).

상식적 수준에서 묻게 되는 이런 식의 의문들은 최근까지 여러 철학자에 의해 새롭게 태어나곤 했다. 그리고 대중들은 물론 많은 컴퓨터 전문가와 전문 철학자조차 그런 논리를 여전히 주장하거나 또 그런 논리에 설득 당한다.

대표적으로 존 설(John Searle, 1932~2025)의 "중국어 방 논증(Chinese room)"이 있다. 방 안에 가려진 (영어를 모르는) 중국인(AI 은유)이 아무리 적절한 영어 대답을 내놓더라도, 그가 진정한 영어를 이해하는 것은 아니라는 논리다. 비슷한 논증으로 토머스 네이글(Thomas Nagel, 1937~)의 박쥐 논증(What is it like to be a bat?, 1974)도 있다. 우리는 결코 박쥐가 느끼는 주관적 감각을 알거나 이해할 수 없다는 것에 기대는 논증이다. 이런 논증들 모두 "선결 문제 요구의 오류"를 범한다. 자신들이 증명해야 할 것을 미리 전제하는 것으로, 논증처럼 보일 뿐 자신의 주장을 증명하지는 못한다.

이렇게 논리의 문제를 지적하는 튜링 논문은 철학 논문이었다. AI 전문 연구자가 만약 이런 논리에 설득 당한다면, 스스로 AI 연구에 한계선을 긋는 어리석음에서 빠져나오기 어려울 것이다. 지금도 그런 한계선을 스스로 설정하는 AI 개발자들은 넘쳐난다. 그러나 튜링은 그러지 않았다(이 주제에 관한 더 깊은 논의는 8장에서 다룬다).

컴퓨터와 철학

튜링은 계산기의 개념 모델을 제안하면서, 미래 그것이 지적일 수 있다고 주장한다. 튜링이 가졌던 철학적 관점은 유물론(materialism)이다. 튜링은 산술적 계산은 물론 인간의 모든 지적 활동을 계산기가 수행할 수 있다고 전망한다. 이런 측면에서 그는 정신적 활동을 물리적 작동 및 과정으로 이해할 수 있다고 확신한다. 이런 입장은 (마르크스 유물론과 다른 의미에서) 유물론이다.

이것과 상반된 입장은 이원론(dualism)이다. 이원론에 따르면, 정신 활동은 물리 작용과 명확히 구분되며, 그것으로 설명할 수 없다. 그러나 튜링은 인간의 모든 정신 작용이 두뇌라는 물질적 존재에 의해 일어난다고 신경과학적으로 믿는다. 그러므로 그는 두뇌 연구를 멀리할 수 없었다. 그런 측면에서 정신 작용이 두뇌가 아닌 전자 회로를 통해서도 구현될 수 있다고 보았다.

그는 1948년 영국 국립물리학연구소에 제출한 보고서 《지능적 기계(Intelligent Machinery)》에서 이렇게 말한다.

> "생각하는 기계를 만들 수 있다고 믿을 만한 확실한 이유는 사람의 어떤 부위에 대해서든 그것을 흉내 내는 기계를 만

들 수 있다는 사실이다. … 여기서 우리의 주 관심사는 신경계다. … '뇌'로 무엇을 할 수 있는지 탐구할 것을 제안한다. … 가능한 분야 중 언어 학습이 가장 인상적일 텐데, 그것은 가장 인간적인 활동이기 때문이다."

또한 그는 1950년 논문에서 기계가 마침내 인간의 모든 순수 지적 능력과 경쟁할 것으로 전망한다. 예를 들어, "체스 두기"를 경쟁할 것이며, "영어를 이해하고 말하기"를 "학습할 수 있을" 것으로 전망한다. 그가 전망했듯이, 오늘날 AI는 인간 최고의 체스는 물론, 바둑 고수를 이겼다. 그리고 오늘날 생성형 AI는 학습하는 기계가 되어, 엄청난 언어 데이터를 학습하고, 일상 언어로 인간이 모르는 것을 가르쳐주기도 한다.

그가 이렇게 AI의 미래를 전망할 수 있었던 것은 분명 그가 자신의 문제를 철학적으로 사유하고, 궁극적 질문을 던져 새로운 개념을 찾았기 때문이다. 그는 진정 "인공지능의 아버지"였다. 아이작 뉴턴(Newton, I., 1642~1726)이 대단한 업적을 보여주고서, 자신은 단지 거인들(갈릴레이와 데카르트를 비롯한 선배 연구자들)의 어깨 위에 있었을 뿐이라고 겸손하게 말했다. 그렇듯이, 튜링 역시 하늘에서 갑자기 영험한 기운을 받아 태어나지는 않았을 것이다. 그를 탄생시킨 "거인들"은 누구였을까? 이것이 다음 단원의 이야기다.

(이 책은 튜링의 일대기에 관한 이야기를 생략했다. 혹시 그것이 궁금한 독자라면 2014년 개봉된 영화《이미테이션 게임》을 보라.)

참고문헌

박제윤(2021). 《철학하는 과학, 과학하는 철학: 4권 뇌와 인공지능의 철학》. 철학과 현실사.

Church, A.(1936). An Unsolvable Problem of Elementary Number Theory. *American Journal of Mathematics, 58*, pp.345~363.

Gödel, K.(1931). Über Formal Unentscheidbare Satze der Principia Mathematica und verwandter Systeme. *Monatshefte fur Mathematik und Physik, 38*, pp.173~198.

Nagel, T.(1974). What Is It Like to Be a Bat?. *The Philosophical Review, 83*(4), pp.435~450.

Searle, J.(1980). Minds, Brains and Programs. *Behavioral and Brain Sciences, 3*, pp.417~457.

Turing, A. M.(1937). On Computable Numbers, with an Application to the Entscheidungsproblem. *Proceedings of the London Mathematical Society s2-42*, pp.230~265.

Turing, A. M.(1948). Intelligent Machinery. 노승영 옮김(2019). "지능을 가진 기계". 《앨런 튜링, 지능에 관하여》. HB Press.

Turing, A. M.(1950). Computing Machinery and Intelligent. *Mind, 49*, pp.433~460.

02
언어 계산 논리

일상 언어를 수학처럼 계산할 수 있는가?
그렇다면 생각을 계산할 수 있지 않는가?
언어를 계산할 기호표기법은 무엇일까?
언어 '의미'는 어디에서 오는가?

노래하는 AI 보컬?

언어를 계산할 방법

튜링이, 미래 계산 기계가 인간처럼 지적일 수 있다고 확신하도록 도와준 앞선 수리철학자들이 있었다. 우선 독일 수학자이며 철학자인 프레게(Gottlob Frege, 1848~1925)는 언어를 수학처럼 계산할 수 있다고 생각했으며, 그가 그러한 생각을 했던 이유는 아래와 같다.

일상 언어는 이따금 애매하고 모호하게 사용될 수 있으며, 그런 일상 언어로는 어떤 논리적 증명을 정확히 펼치기 어렵다. 만약 일상 언어를 수학처럼 기호로 바꿔 표현한다면, 엄밀한 논리적 증명을 펼치기 좋을 것이다. 그는 저서 《개념 표기법(Begriffsschrift)》(1879), 그리고 논문 "함수와 개념(Funktion und Begriff"(1891)에서, 일상 언어를 기호로 표기할 새로운 방안을 구상하였다. 그런 방안을 찾는 일과 함께, 그는 수학적 계산이 왜 엄밀할 수 있는지도 설명할 필요를 느꼈다.

철학자들은 전통적으로 수학이 '선험적 진리(a priori truth)'라고 믿어 왔다. 즉, 수학은 사고만으로 필연적 참인 진리를 제공한다고 믿었다. 그러나 그는 지금까지 당연하다고 생각해 온 믿음 자체를 의심하였다. 그 의심에서 그는 수학에 대한 궁극적 질문을 다룬 논문, "의미와 지시체(On Sense and Reference)"(1892)에서 다음과 같이 스스로 물음을 던진다. "'A=B'가 어떻게 가능한가?"

그가 이런 물음을 던진 이유는 다음과 같다. 모든 함수는 좌변과 우변 사이에 동일하다는 기호 "="를 사용한다. 모든 함수를 가장 단순한 형식으로 표현하면 'A=B'다. 그런데 좌변의 A는 B가 아니라서 A라 표시하였으며, 우변의 B는 A가 아니라서 B라고 표시하였다. 즉, 표시만으로도 A와 B는 동일하지 않다. 그런데도 그것을 동일하다고 가정하는 것이 옳은가? 역사적으로 어느 수학자도 이런 근원적 의심과 질문을 한 적은 없었다(대단한 창의적 사고는 항상 이런 궁극적 물음, 즉 철학적 의문에서 나타난다).

그의 대답은 이러했다. 오래전부터 유럽에서는 초저녁과 새벽에 보이는 금성(샛별)을 "저녁별(the evening star)"과 "아침별(the morning star)"이라고 불러왔다. 당시 사람들은 그 둘이 동일한 별(사실은 행성)인지 몰랐기 때문이다. 1610년 무렵 갈릴레오 갈릴레이가 망원경 관찰로 그 둘이 동일하다는 것을 밝혀주었고, 이후로 사람들은 "아침별은 저녁별이다"라고 말하게 되었다. 그렇게 말할 수 있는 이유는 '저녁별'과 '아침별'이란 '표현'이 다르지만, 그 표현 모두 같은 '대상'을 지칭하기 때문이다. 다시 말해서, 두 표현이 서로 다른 '의미'를 갖지만,

동일한 '지시체', 즉 동일 대상을 가리키기 때문이다.

이런 맥락에서, 함수의 좌변과 우변은 서로 '표현'이 다르고 '의미'도 다르지만, 그것들 모두 동일한 '지시체'인 숫자를 가리킨다. 그렇다면 좌변과 우변이 동일하다고, 즉 그 함수가 참이라고 말할 수 있다. 프레게는 이렇게 설명하면서, 이제 안심하고 함수 계산이 옳다는 것을 믿고 사용해도 된다고 생각했다.

이런 '쓸모없어 보이는' 그의 노력에 대해 다른 수학자들이 비웃음을 던졌지만, 그는 이렇게 주장했다. 의미(sense)와 지시체(대상, reference)를 구분해야 한다. 다시 말해서, '단어'에는 그것의 '의미'가 있으며, 그것이 가리키는 '대상'이 있다.

그는 이렇게 수학의 기초를 밝혔다고 생각했지만, 정작 일상 언어를 기호로 표시하여 수학처럼 계산할 방법을 완성하지는 못했다. 그 기획을 처음 완성한 인물은 영국에서 나왔다.

계산 가능해진 추론

프레게에게서 영향을 받아 그 기획을 완성한 인물은 영국의 버트런드 러셀(Bertrand Russell, 1872~1970)이다. 그는 당대 최고의 수학자이며 철학자였고, 많은 저작을 남겼다. 이 책이 특별히 주목하는 것은 철학 학술지 《Mind》에 실린 논문 "지시에 대하여(On Denoting)"(1905)와 저서 《외부 세계에 대한 우리의 지식(Our Knowledge of the External World)》(1914)이다.

프레게와 마찬가지로, 그는 일상 언어가 애매하거나 모호한 의미로 사용될 수 있으며, 문장의 구조 자체가 혼란을 일으키는 것을 염려하였다. 러셀이 보기에, 당시까지 철학자들은 무엇을 가리키지도 않으면서 마치 무엇을 가리키는 것처럼 문장을 사용했다. 그가 보기에, 그런 언어적 혼란으로 철학자들은 자주 불필요한 논쟁에 빠져들었다. 그러므로 러셀은 그런 일상 언어의 문장 통사 구조를 회피하는 방법을 고안해야 했다.

우선 러셀은 프레게가 용어에 대한 '의미'와 '지시체'를 구분한 것에 대해 다시 비판적이며 궁극적인 물음을 던졌다. '의미'는 무엇인가? 의미는 어디에서 오는가? 이런 성찰을 통해, 그는 의미와 지시체의 구분에 반대했다. 우리가 처음 언어를 배울 때, 사물을 가리키면서 그것의 이름을 학습한다. 그런 측면에서 이름의 의미는 지시체 자체에서 나온다. 이런 언어를 그는 "대상 언어(objective language)"라고 말했다. 물론 지시체를 전혀 가리키지 못하면서도 유용하게 사용되는 언어도 있다.

바로 연결사이며, 그는 이것을 "논리 언어(logical language)"라고 말했다. 러셀은 논리적 연결사인 "그리고(and)", "또는(or)", "아닌(not)", "만약~라면(if-then)" 등 넷만을 이용해서 언어를 계산할 체계를 고려했다.

또한 그는 무엇을 가리키는 지시구(denoting phrase)와 무엇을 묘사하는 기술구(definite description)를 구분했다. 그는 기술구를 지시구로 바꿔 표현하는 방법을 고심하였다. 그의 '지시 의미론'에 따르면, 무엇도 가리키지 않는 말은 의미를 가질 수 없다고, 즉 무의미하다고 말해야 하기 때문이다.

이것이 왜 문제가 되는가? 과거 아리스토텔레스 이래로 철학자들은 주어는 어떤 '실체(substance)'를 가리키는 말이며, 술어는 그것의 '속성(property)'을 가리키는 말이라고 이해하였다. 예를 들어, "철수는 키가 크다"라고 말할 경우, 주어는 대상을 가리키고, 술어는 철수의 특징을 설명한다고 가정되었다. 그렇지만 주어 자리에 오는 용어가 언제나 무엇을 가리키지는 못한다. 러셀은 그것을 바로잡을 방법을 마련해야 했다. 예를 들어, "둥근 사각형은 존재하지 않는다"와 같은 문장은 전통적 관점에서 "둥근 사각형이란 실체(존재)가 존재하지 않는 속성을 갖는다"는 의미로 이해되어야 한다. 이런 이해는 우리에게 혼란을 일으킬 수 있다. 그런 혼란에서 일부 철학자들은, 그 언어가 현실적으로 존재하지 않지만 어떤 '다른 의미에서 존재하는' 무엇을 가리킨다고 여겼으며, 그것이 무엇인지를 밝히려 복잡한 사변 또는 해명을 늘어놓았다.

그는 그 주어가 실제로 아무것도 가리키지 않으며, 따라서 그 '주어'를 어떤 지시체도 가리키지 않는 기술구로 보고, '술어'의 위치로 바꿀 방법을 모색하였다. 만약 그렇게 표현을 바꾼다면, 그 주어가 사실은 아무것도 가리키지 않는다는 것을 보여줄 수 있기 때문이다. 예를 들어, 위 문장을 이렇게 바꿔 표현할 수 있다. "무엇이 둥글고(R), 사각형(S)이지만, 그것이 존재하지 않는다." 이것을 기호로 표시하자면, "R하고 S한 무엇(x)이 존재하지(Exist) 않는다(~)." (여기에서 "존재한다"는 의미의 'Exist'를 뒤집어 기호 '∃'로 표시한다.) 이것을 다시 체계적으로 표시하면 아래와 같다.

"둥근 사각형은 존재하지 않는다."

~(∃x)(Rx & Sx) : (x가 R하고 S한, 그 x는 존재하지 않는다.)

또한 러셀은 로크(J. Lock)와 흄(D. Hume)의 영국 경험주의 철학을 계승하는 철학자였다. 그런 배경에서 그는 경험할 수 있는 것을 가리키는 용어 중심으로 언어를 다시 표현하려 했다. 예를 들어, "모든 포유류(M)는 붉은 피(R)를 가진다." 이런 일반화를 말하는 문장 형식은 특별하다. 우리가 '모든' 포유류를 직접 경험할 수는 없기 때문이다. 그러므로 그는 이 문장을 직접 경험할 수 있는 표현으로 어떻게든 바꿔야 했다. 그는 이 하나의 문장이 사실은 두 문장으로 구성된 '가언문장'이라고 분석한다. 예를 들어, "어떤 모든(All) 것(x)이 포유류(M)라면, 그것은 붉은 피(R)를 가질 것이다." (여기에서 모두를 의미하는 'All'을 뒤집어 기호 '∀'로 표시한다.) 이것을 체계적으로 다시 표시하면 아래와 같다.

"모든 포유류는 붉은 피를 가진다."

$(\forall x)(Mx \rightarrow Rx)$: (모든 x에 대해, x가 M하다면, x는 R할 것이다.)

러셀은 이렇게 일상 언어를 기호로 바꾸어 그것을 계산할 논리 체계를 만들었다. 이것이 그가 만든 "술어 논리(predicate logic)"라는 기호 논리 체계다. 만약 우리의 일상 언어 논증을 이런 기호 논리 체계로 변환할 수 있다면, 그 논증이 타당한지 아닌지를 계산으로 알아볼 수 있다. 이렇게 러셀은 프레게가 구상한 계산 가능한 논리 체계를 완성했다. 이런 술어 논리는 훗날 컴퓨터 소프트웨어 프로그램을 구성할 때, 지식을 표현하고 계산하는 방안으로 활용되기도 했다.

이런 러셀의 기호 논리 체계는 두 가지 측면에서 후대의 인공지능에 활용될 수 있었다. 첫째는 그 체계가 '계산 가능한 기호 체계'라는 것이다. 둘째는 그 논리 체계는 일상 언어를 잘게 나누어 표현함으로써, 언어 사고 및 추론을 단순한 기계 계산으로 구성할 수 있게 해 준다는 것이다. 한 마디로, 인공지능의 지식 표현(knowledge representation)과 계산 절차(computational procedure)에 활용되기에 유용했고, 실제로 활용되었다.

계산 가능해진 생각

러셀에게는 특별한 제자 루트비히 비트겐슈타인(Ludwig Wittgenstein, 1899~1951)이 있었다. 이 책이 특별히 주목하는 그의 저서는 《논리 철학 논고(Tractatus Logico-Philosophicus)》(1921)다. 비트겐슈타인은 프레게와 러셀의 영향을 많이 받은 철학자다. 그도 스승과 마찬가지로 전통 철학이 언어를 올바로 사용하지 못하여 발생한 많은 혼란으로 가득하다고 생각했다. 따라서 그는 언어의 혼란을 피할 기호 언어를 만들 필요를 느꼈다. 그러나 그는 프레게와 러셀의 기호 언어는 그러한 혼란을 제거하기에 아직 부족하다고 생각했다.

일상 언어에서 단어는 다양한 문장에 따라 다른 의미로 사용될 수 있기 때문이다. 어느 단어가 어떤 의미로 사용되었는지를 올바로 알아보려면, 그 단어가 쓰이는 문장 전체의 맥락을 고려해야 한다. 따라서 세계를 드러내는 것은 단어 또는 어구가 아니라, 사실을 표현하는 '문장'이다. 이런 생각에서 그는 "세계는 사실이다"고 말하며, "사실이란 사건의 사태다"라고 말한다. 이러한 그의 입장은 스승인 러셀의 기호 표기 방법이 적절하지 않다는 비판적 태도에서 나왔다. (언제나 지성사에 한 획을 긋는 업적을 이룬 학자라면, 자신의 스승이 아무리 대단한 학자일지라도, 스승의 생각을 뛰어넘어야 한다. 그렇지 못하다면, 오직 스승의 이름만이 역사에 기억될 것이다.)

비트겐슈타인이 러셀을 넘어 새롭게 생각한 기호 표시 방법은 단어나 어구가 아니라, 문장 전체 내용인 '명제(proposition)'를 하나의 기호로 표시하는 방법이다.

이런 기호 표기법이 세계를 더욱 올바로 드러내는 방법이다. 이것이 바로 그가 제안한 명제 논리(propositional logic)다. 그리고 그런 명제들 사이의 논리적 관계를 표현하는 연결사는 "and", "or", "not" 셋이면 충분하다. 이제 러셀이 말했던 연결사 "if-then"은 불필요하다. 왜냐하면, "**P→Q**"(if P then Q)는 "**∼P∨Q**"(not P or Q)와 그 진릿값이 동일하기 때문이다. (훗날 컴퓨터를 개발하려던 공학자들은 그 세 가지 논리 요소를 진공관이나 트랜지스터로 구현하였다. 이렇게 철학과 과학 및 공학은 깊은 관계 속에서 상호 영향을 주고받으며 발전해 왔다.)

지금까지 이야기했듯이, 프레게와 러셀 그리고 비트겐슈타인은 일상 언어를 기호 언어로 표현하면, 언어를 산술처럼 계산할 수 있는 체계를 찾았다. 언어는 세계에 대한 논리적 의미, 즉 논리적 '생각'을 담고 있으며, 따라서 기호 논리 체계는 생각을 계산할 체계였다. 이런 배경에서, 튜링은 1950년 자신이 구상하는 계산기가 생각을 계산할 '지적 기계'가 될 것으로 확신할 수 있었다. 그리고 그 확신을 공학적으로 구현하고 싶었다.

그런데 미국에서 이미 자동계산기, 즉 컴퓨터가 만들어졌다. 물론 그의 아이디어에 의해서다. 그런 기계를 실제로 구현했던 인물은 미국 고등연구소에 튜링의 (박사학위) 지도 교수였던 폰노이만이다.

참고문헌

박제윤(2021). 《철학하는 과학, 과학하는 철학: 2권 근대과학과 철학》. 철학과 현실사.

Frege, G.(1879). Begriffsschrift, a Formula Language, Modeled upon that of Arithmetic, for Pure Thought. *From Frege to Gödel: A Source Book in Mathematical Logic*(1931), pp.1~82.

Frege, G.(1891). Funktion und Begriff: Vortrag gehalten in der Sitzung vom 9. Jan.

Frege, G.(1892). On Sense and Reference. In Moore, A.W.(ed., 1993). *Meaning and Reference*. Oxford University Press.

Rich, E. & Knight, K.(1991). *Artificial Intelligence(2nd ed.)*. International Edition.

Russell, B.(1905). On Denoting. *Mind*, pp.479~493.

Russell, B.(1914). *Our Knowledge of the External World: As a Field for Scientific Method in Philosophy*(Kessinger's Legacy Reprints, 2010). Kessinger Publishing.

Wittgenstein, L.(1921). *Tractatus Logico-Philosophicus*. 이영철 옮김(2025). 《논리-철학 논고》. 책세상.

03
뇌의 계산 처리

뇌는 어떻게 계산하는가?
뇌의 기억과 추론은 무엇인가?
뇌는 어떻게 학습하는가?
컴퓨터와 뇌는 어떤 점에서 다른가?
뇌와 같은 계산기를 만들 수 있는가?

인공지능과 편향?

뇌를 닮은 계산기

존 폰노이만(John von Neumann, 1903~1957)은 헝가리 수도 부다페스트에서 태어났고, 함부르크 대학에서 강의하였다. 당시 그는 그곳에서 유대인으로 살아가기 어려워질 것을 염려하여 미국으로 이주하였고, 1931년 프린스턴 고등연구소 교수가 되었다. 1943년 원자폭탄을 개발하기 위한 '맨해튼 프로젝트'에도 참여하였다.

무엇보다 그는 많은 과학 문제 해결을 위해 빠른 계산기가 필요하다고 생각하여, 1946년 시작된 계산기 조니악(JONIAC) 제작을 주도하였다. 이 계산기 이름은 "John von Neumann Numerical Integrator and Automatic Computer"에서 나왔다. 그리고 그 모델에 따라 초기 계산기 에니악(ENIAC)과 에드박(EDVAC)도 개발되었다. 그가 설계한 범용 컴퓨터는 입력 장치(Input)와 출력 장치(Output), 그리고 중앙 처리 장치(CPU)와 기억 장치(Memory) 등으로 구성되었고, 지금도 그러한 컴퓨터의 기본 구성은 변함이 없다. 사람들은 이것을 "폰노이만 아키텍처"라고 부른다. 이런 컴퓨터는 '프로그램', 즉 순차 명령에 따라 작동하므로 "순차처리 계산기(serial processing computer)"라고도 불린다. 이런 아이디어는 튜링이 제안했던 방식이었다. 현재 '딥러닝

(deep learning)'이라 불리는 심층 학습 AI의 병렬 처리 계산도 여전히 순차 처리 방식을 지원하는 프로그램으로 구동된다.

그는 1952년 '원자력에너지위원회'에 관여하던 중 골수암 진단을 받는다. 그리고 그는 3년 후 미국에서 가장 유명한 강연 시리즈 실리먼 강연(Silliman Lecture)의 요청을 받았고, 그 강연 원고를 쓰기 시작했다. 암으로 인해 신체가 무너지는 고통을 겪으면서도 그는 원고 쓰기를 멈추지 않았다. 심지어 걷지 못하는 상태가 되자 휠체어에 앉아 저작 활동을 계속했다. 그렇게 그 원고를 쓰다가 1957년 세상을 떠났다. 그 책은 아내 클라라(Klara von Neumann)가 《컴퓨터와 뇌(The Computer and the Brain)》(1958, 1986)로 출판했고, (6장과 7장에서 이야기할) 신경철학자 처칠랜드 부부(The Churchlands)에 의해 개정판의 머리말을 더해 2000년 다시 출판되었다. 그를 죽음에 맞서도록 만든 학문적 사명감이 무엇이었을지 궁금해진다.

그 책은 1부에서 컴퓨터를 설명하며, 2부에서 뇌를 설명한다. 그 책의 중심 주제는 제목과 구성처럼 '컴퓨터'와 '뇌'의 비교다. 그는 컴퓨터가 어떤 구조와 기능을 가지는지, 반면에 뇌는 어떤 구조와 기능을 가지는지를 비교한다. 이러한 비교를 통해, 그는 '미래 컴퓨터 개발은 뇌를 닮은 것이어야 한다'라고 주장하고 싶었다. 그것이 바로, 그가 암으로 인한 고통과 싸워가며 그 저술을 끝까지 놓지 못했던 이유였다.

그는 스스로 폰노이만 아키텍처를 만들어 놓고서, 바로 그것에 만족할 수 없었다. 그는 미래 새로운 컴퓨터 또는 새로운 AI는 뇌를 닮은 것이어야 한다고 말하고 싶었다. (이 책은 10장에서 그의 정신을 계승하며, 미래 AI는 뇌처럼 소프트웨어가 아니라 하드웨어로 구동하는 NPU여야 한다고 주장한다. 우리 뇌에는 누군가 코딩해서 넣어주는 소프트웨어가 없다.)

뇌의 계산구조

폰노이만에 따르면, 디지털 컴퓨터는 프로그램의 연속적인 명령어에 따라 작동한다. 그렇게 하기 위해 그 명령어는, 어느 장소에 저장된 정보를 불러내야 하는지, 그것을 어떻게 연산해야 할지, 그리고 그 결과를 어느 기억 장소로 보내어 저장하거나 출력 장치로 내보낼지 등에 대한 복잡한 내용을 담아야 한다. 그러한 복잡한 기능을 수행하려면 디지털 컴퓨터는 복잡한 장치들로 구성되어야 하고, 그러한 장치들은 모두 특별한 접속 규칙과 한계를 가질 수밖에 없다.

폰노이만이 이러한 컴퓨터의 한계를 지적하는 것은 그것을 뇌의 신경계 구조와 기능에 대비하기 때문이다. 디지털 컴퓨터와 신경계는 많은 유사점을 가지기는 하다. 그렇지만 그 둘은 크기와 속도뿐만 아니라, 전체적으로 기능과 조절의 원리를 포함해서 근본적인 차이가 있다. 가장 큰 차이점은 컴퓨터의 계산은 순차 처리지만, 신경계의 계산은 '병렬 처리(parallel processing)'다.

그는 당시 신경계에 관한 연구를 아래와 같이 파악한다. 겉으로 보기에 신경계는 디지털 방식으로 작동한다. 그 기초 요소는 신경 세포, 즉 뉴런(neuron)이다. 뉴런이 임펄스(impulse)를 발생시키고 전파하는데, 그 과정은 상당히 복잡한 전기적, 화학적, 기계적 변화를 통해 일어난다. 외부 임펄스가 수상돌기(dendrites)를 통해 뉴런으로 들어오면, 뉴런 몸체(cell body)에서 임펄스가 성공적으로 일어날 수도, 아닐 수도 있다. 그것이 일어날 문턱값, 즉 임곗값(threshold)을 갖기 때문이다.

만약 임펄스가 발생할 경우, 그것은 축삭(axon)의 막, 즉 멤브레인(membrane)을 통해 다른 뉴런으로 전달된다. 이 과정에서 신경 임펄스는 발생하거나 발생하지 않는 식의 2진수로 표현될 수 있다. 임펄스가 다른 뉴런을 자극할 경우, 그 자극된 뉴런 역시 임펄스를 발생시키거나 그렇지 않을 수 있다. 그런 연결은 마치 조건 명제(conditionals)의 기능을 수행하는 것처럼 보인다. 이렇게 신경계는 얼핏 보기에 디지털이다.

그의 비교에 따르면, 뉴런이 그렇게 작동하고 신호를 전파하는 시간(속도)은 진공관이나 트랜지스터로 이용되는 논리적 기계의 작동 시간에 비해 10^{-5}배 정도로 불리하다. 그러나 뉴런의 크기와 모양은 아주 다양한데, 대략 $10^{-7}cm^{3}$이다. 그리고 그 소비 전력은 뉴런이 10^{-9}watts인 반면, 진공관은 5～10watts이고, 트랜지스터는 10^{-1}watts 이다. 그러므로 자연적 요소인 뉴런이 인공적 요소에 비해 매우 유리하다.

또한 인공적 요소는 순차적으로 계산을 실행하므로 많은 계산을 반복해야 하지만, 자연적 요소인 뉴런은 병렬적으로 계산을 실행하므로 그럴 필요가 없다. 여기서 주목해야 할 것으로, 그는 “병렬과 순차 작동은 서로 무제약적으로 대체 가능하지 않다”라고 말한다. 모든 순차 계산을 아무리 빠르게 실행하더라도, 그것이 즉시 병렬 계산이 될 수는 없기 때문이다. 특히 순차 기억을 병렬 계산으로 실행하려면, 특별한 기억 장치, 즉 병렬 기억 장치가 있어야 한다.

(폰노이만의 이런 지적은 오늘날 그대로 적용되고 있다. 최근 중앙 처리 장치(CPU) 대신 그 기능을 약간 동시 처리로 전환하는 그래픽 처리 장치(GPU)를 위해 고대역 메모리(HBM)가 필요한 것과도 같다. 그러나 미래 진정한 신경모방 처리 장치(NPU)가 만들어지고 그것이 작동하게 된다면, 그 관계는 완전히 달라질 것이다. 신경망에서는 메모리와 저장 장치의 구분이 없기 때문이다. 뇌에는 별도의 외부 기억 장치가 존재하지 않는다. 그뿐만 아니라, 그것을 실행하도록 명령하는 프로그램도 완전히 새롭게 구성되어야만 한다. 그것이 왜 그리고 어떻게 되어야 한다는 것인지는 10장에서 다룬다.)

뇌의 병렬 처리 가설

폰노이만에 따르면, 한 뉴런에 서로 다른 두 축삭이 연결되는 신경망을 고려해 볼 때, 그것은 논리적 회로의 "and" 또는 "or"의 기능을 수행할 수 있다. 그렇지만 뉴런은 많은 시냅스를 가지며 많은 다른 뉴런들 사이에 복잡한 관계로 연결된다. 따라서 그 관계를 단순한 "and"와 "or"라는 도식으로만 바라보는 것은 적절치 않다. 그는 이러한 뉴런들 사이의 관계 속에서 기억이 어디에 있는지 아직 알지 못하지만, 외부에 의한 자극이 다음 뉴런 자극의 임곗값을 변화시키므로, 기억은 그 자극에 대한 임곗값의 변화를 통해 표현되는 것으로 추정되었다. 또한 뉴런들 사이의 신호를 전달하는 축삭이 시간에 따라 변화하기도 한다. 가정컨대 축삭의 빈번한 활동은 그 신호 전달의 임곗값을 낮출 것이고, 반대의 경우에 높일 것이다. 이렇게 축삭의 연결에 의해서도 기억이 표현될 수 있다.

또한 신경계의 메시지 전달은 본질적으로 많은 시냅스에 의해 일어나는 만큼 그 시스템은 '통계적으로(확률적으로)' 작동할 것이다. 이러한 주제는 언어의 문제를 의심하게 만든다. 신경계의 그러한 작동으로 볼 때, 그리고 그런 작동으로 인해 언어도 구현된다는 측면에서, 그는 "인간의 언어는 형식적 필연성을 갖지 않는다"고 말한다. 즉, 논리적 필연성이 없다. 이런 측면에서 그는 일상적인 언어 논리 및 수학 논리와 '다른' 논리 구조가 있다고 보았다. 이러한 고려에서, 그는 중추신경계의 논리와 수학은 구조적으로 그리고 본질적으로 일상 언어와 다르다고 말한다.

그는 이러한 신경계의 '계산' 및 '기억'의 문제들에 대해 궁극적인 물음을 던지고, 가설을 세우는 방식으로 탐구했다. 이런 연구 방법이 바로 철학적 탐구 방식이다.

신경계에서 '기억'과 '계산'이 무엇이며, 어떻게 작동할지, 그리고 '언어'는 어떠한지 등을 묻는다. 그런 근원적 물음은 그런 문제들을 이전과 다르게 바라보고 이해할 방안을 신경계가 탐색하도록 만든다.

물론 폰노이만이 이러한 물음을 던지고 생각할 수 있었던 것도 어느 순간 갑자기 떠오른 것일 수 없다. 당시 신경계에 대해 많은 것들이 밝혀진 것은 아니지만, 가설을 제안할 정도의 발견은 있었다.

신경망의 병렬 처리에 관한 수학적 모델은 워런 매컬록(Warren McCulloch, 1898~1969)과 월터 피츠(Walter Pitts, 1923~1969)에 의해 제안되었다. 그들은 1943년 "신경 활동에 내재된 아이디어의 논리적 계산(A Logical Calculus of the Ideas Immanent in Nervous Activity)"이란 논문에서 단순한 뉴런 모델이 and, or, not 등과 같은 논리적 연산을 할 수 있다고 제안했다. 그렇다면 신경계의 복잡한 작용이 단순한 논리적 요소로 설명될 수 있어 보였다. 그런 제안은 뇌를 닮은 컴퓨터를 만들 수 있다는 폰노이만의 생각으로 연결된다.

그러나 신경망을 구성하는 뉴런의 구조와 기능에 관해서, 심지어 뉴런과 산경망이 어떻게 학습할 수 있는지에 관한 자세한 이야기는 후대의 연구를 기다려야 했다.

참고문헌

박제윤(2021). 《철학하는 과학, 과학하는 철학: 4권 뇌와 인공지능의 철학》. 철학과 현실사.

McCulloch, W. & Pitts, W.(1943). A Logical Calculus of the Ideas Immanent in Nervous Activity. *Bulletin of Mathematical Biophysics, 5*, pp.115~133.

von Neumann, J.(1958). *The Computer and the Brain*(2nd ed., 2000). Yale University Press.

04
병렬 처리와 학습

뉴런이 어떻게 동작하는가?

뉴런이 어떻게 학습하는가?

기억은 어떻게 이루어지는가?

신경망이 계산을 어떻게 실행하는가?

신경망이 정보를 어떻게 저장하는가?

청각장애인과 AI?

AI 연구의 시작

1950년 영국에서 튜링이 '컴퓨터가 지적 기계일 수 있다'고 외롭게 주장했지만, 그곳에서 실제 컴퓨터는 나타나지 못했다. 아마도 당시 영국은 전쟁으로 피폐해진 민생경제를 재건하느라 그럴 여력이 없었을 것이다. 반면에 미국에서는 군사적 목적에서 처음 컴퓨터가 만들어졌고, 메이시 재단의 후원으로 메이시(Macy) 회의가 열렸으며, 노버트 위너(Norbert Wiener)는 1948년 《사이버네틱스: 동물과 기계의 제어와 커뮤니케이션(Cybernetics: Control and Communication in the Animal and the Machine)》을 저술했다.

또한 1956년 하버드의 다트머스 대학에서 수학 교수, 존 메카시(John McCarthy)를 중심으로, 마빈 민스키(Marvin Minsky), 클로드 섀넌(Claude Shannon), 너새니얼 로체스터(Nathaniel Rochester) 등이 참여하는 연구모임도 시작되었다. 여기에서 '인공지능(Artificial Intelligent, AI)'이란 말이 처음 사용되었다.

앞서 살펴보았듯이, 폰노이만이 1940년대 중반에 제안했던 범용 컴퓨터의 순차 처리 방식은 현대 컴퓨터 프로그램에 큰 영향을 미쳤다. 동시에 그는 그 컴퓨터의 한계를 알아보고, 미래에는 새로운 컴퓨터 또는 계산기가 나와야 한다고 생각했다. 그렇지만 현실적으로 컴퓨터의 두 가지 다른 계산 개념은 서로 분리된 채 AI 연구에 적용되었다. 하나는 인간의 논리적 추론 순서를 모방하는 순차 처리를 실행하는 AI 연구이며, 다른 하나는 뉴런 및 뇌 신경망이 작동하는 병렬 처리를 모방하는 AI 연구다.

첫째 AI 연구 흐름은, 1950년대 후반 허버트 사이먼(Herbert Alexander Simon), 앨런 뉴얼(Allen Newell), 클리프 쇼(Cliff Shaw) 등의 연구로 촉발되었다. 그들은 "논리 이론 기계(Logic Theory Machine)"를 만들어, 기계적으로 수학의 논리 문제를 모방할 수 있음을 보여주었다. 이것은 인간의 지적 능력을 순차 처리 절차를 통해 모방할 수 있음을 보여준 것이었다. 인간의 지적 능력이 기호 논리 조작으로 모방할 수 있다는 접근법은 "기호주의(symbolism)"로 불리게 되었다.

이것은 1980년대부터 AI 개발의 주도적 흐름이 되었고, "전문가 시스템(expert system)"이라 불리게 되었다. 특정 분야의 전문 지식인이 상황마다 여러 가능한 선택지 중 어느 것을 선택하듯이, 그 선택을 모방으로써 그것이 전문가의 추론을 흉내 낼 수 있었다. 이런 AI의 의사결정 과정은 매우 효과적이어서, 아주 최근까지 다양한 분야에 주도적으로 활용되고 있다.

강화 학습하는 AI

둘째 AI 연구 흐름은 1943년 맥컬록과 피츠의 신경망 모델에서 촉발되었다. 폰노이만이 알아보았듯이, 이 모델은 뉴런의 시냅스 강도의 변화를 통해 뉴런이 학습한다는 가정에서 나왔다.

이런 가설은 캐나다 신경심리학자 도널드 헤브(Donald O. Hebb)에 의해 제안되었다. 그는 1949년 저서 《행동의 조직(The Organization of Behavior)》에서 '함께 발화하는 뉴런은 서로 연결된다'는 "헤브의 법칙(Hebb's Law)"을 내놓았다. 그것은, 시냅스로 연결된 뉴런들이 동시에 활성화하는 경우, 그 뉴런들을 연결하는 시냅스가 강화될 수 있다는 이론적 가설이었다. 물론 과연 뉴런이 그렇게 학습하는지는 당시 신경학 관련 학계에서 인정받는 가설은 아니었다.

그럼에도 이런 가설에 따라서 AI 연구가 진행되었다. 미국의 심리학자 프랭크 로젠블랫(Frank Rosenblatt, 1928~1971)은 미해군 연구비를 받아서 1957년 인공신경망(Artificial Network) "퍼셉트론(perceptron)"을 만들었다. 이것은 하드웨어로 구동하는 인공신경망이었다. 그는 미래 이것이 걷고, 말하고, 글을 쓰는 등 대단한 능력을 발휘할 것이라고 장담했다.

그런데 1969년 마빈 민스키가 퍼셉트론이 논리 요소 "xor"(배타적 선택)을 구현할 수 없다고 부정적으로 평가하였다. (그러나 앞서 맥컬록과 피츠의 연구에서 살펴보았듯이, 뉴런 모델을 여럿 연결하면 그런 논리 요소를 구현하는 것이 가능하다는 주장은 이미 있었다.) 민스키의 그러한 부정적 평가로 퍼셉트론에 대한 연구비가 중단되었고, 불행히도 로젠블랫은 1971년 배 사고로 사망하면서 그 연구는 중단되었다.

그럼에도 인공신경망 AI 연구가 완전히 중단되지는 않았다. 1988년 샌디에이고 캘리포니아 주립대(UCSD)의 제임스 매클러랜드와 데이비드 루멜하트는 공저《병렬 분산 처리에 대한 탐색(Explorations in Parallel Distributed Processing: A Handbook of Models, Programs, and Exercises)》에서 자신들이 제안하는 모델이 기계 학습이 가능한 모델이라고 주장하였다. 이것은 "병렬 분산 처리(Parallel Distributed Processing, PDP)" 인공신경망이라 불렸으며, 다르게는 "기호주의"와 대비하여, "연결주의(connectionism)"라 불렸다. 이 모델은 입력 유닛 층(input unit layer)과 출력 유닛 층

(output unit layer) 사이에 은닉 유닛 층(hidden unit layer)을 삽입한 구조다. 이런 신경망 구조는 출력 유닛 층의 오류를 은닉 유닛 층으로 되돌려 보내어 은닉 유닛의 (시냅스 연결 강도와 같은) 가중치(weights)를 수정하는 것이 가능했다. 이 모델은 은닉 유닛 층의 오류를 조금씩 줄여가는 방식으로 학습하는 것이 가능함을 보여주었다.

그럼에도, 인공신경망 AI에 대한 연구가 1990년대와 2000년대에 걸쳐 활발하지는 못했다. 그 이유는 순차 처리 계산 방식의 전문가 시스템 AI 모델이 매우 효과적이었던 반면, 병렬 처리 계산 방식의 연결주의 AI 모델은 그렇지 못했기 때문이다. 그럼에도 UCSD에서는 인공신경망 AI 모델 연구를 내려놓지 않았다. 그 대학의 개리슨 코트렐(Garrison Cottrell)을 비롯한 여러 연구진은 인공신경망 AI 연구를 계속하였고, 얼굴 사진 인지, 잠수함 소나 시스템, 언어 발음 시스템 등등, 나름 연결주의 AI의 실증적 효과를 보여주었다. 그렇더라도 여전히 이 연구 모델이 AI 연구의 주류는 아니었다. 이런 모델은 퍼셉트론처럼 하드웨어로 구동하는 것은 아니었고, 순차 처리 방식의 컴퓨터가 병렬 처리 방식의 뇌를 '모의 실행'(시뮬레이션)하는 방식이었다. 그런 만큼 학습에 어려움

이 많았고, 좋은 성능을 보여주기 어려웠다.

제프리 힌턴(Geoffery Hinton)은 1978~1980년, 그리고 1982년 UCSD에서 루멜하트와 맥클러랜드가 이끄는 PDP 연구 그룹의 일원이었다. 또한 그 옆의 솔크 연구소(Salk Institute)의 테렌스 세즈노스키(Terrence Sejnowski)와 함께 볼츠만 머신(Boltzmann Machines) 연구를 공동으로 진행하기도 했다. 그런 연구 결과 그는 1986년 논문 "오류 역전파를 통한 내적 표상 학습(Learning Internal Representations by Error Propagation)"을 발표했다. 이런 공로를 인정받아 그는 2024년 노벨 물리학상을 받았다.

모두 알고 있듯이, 2010년대에 슈퍼컴퓨터의 거대한 성능 개량이 이루어지고 나서야, 신경망의 학습을 모방한 병렬 처리 인공신경망 모델의 은닉 유닛 층이 깊어진, 심층 학습(deep-learning) 모델이 나왔다. 그러자 병렬 처리 모의 실행 AI의 성능도 놀랍게 개선되었다. 2011년 IBM의 기계 학습 프로그램 '왓슨(Watson)'이 퀴즈쇼 '제퍼디'에서 인간을 능가했고, 2016년 구글 딥마인드의 '알파고(AlphaGo)'가 세계 바둑 챔피언 이세돌을 꺾었다. 그리고 최근 2023년 이후 대화형 AI, 다르게 불러서 "생성형 AI"는 인간과 대화를 주고받을 수 있는 놀라운 지적 능력을 보여주는 중이다.

신경의 강화 학습

이러한 오류 역전파를 통한 AI 학습 모델은 근본적으로 뉴런의 시냅스 강도를 통해 경험이 기억되고, 학습이 가능하다는 신경학 가설에 의존해서 나왔다. 그 가설을 처음 제안한 사람은 헤브였지만, 그 가설을 실험적으로 확인한 것은 오스트리아 출생 미국 심리학자이며 신경학자인 에릭 캔델(Eric R. Kandel)이다.

그는 뉴런의 학습 연구를 위해 가장 적합한 대상을 고려해야 했다. 그는 크기가 크면서도 신경계가 단순한 (껍질 없는 바다달팽이) 군소를 그 연구 대상으로 선택하였다. (한국에서 군소는 손바닥 크기 정도이지만,) 캘리포니아 해안에 사는 군소(아플라시아 캘리포니카, Aplasia Californica)는 길이가 30센티미터 이상이다. 그리고 포유류 뇌가 약 1000억 개 넘는 뉴런으로 구성되는 반면, 군소 신경계는 약 2만 개 뉴런으로 구성된다. 그는 1960년대부터 자신의 과학자 생애 거의 전부를 군소의 시냅스 가소성(synaptic plasticity) 연구에 전념했다. 시냅스에서의 학습, 단기 기억 및 장기 기억이 어떻게 일어날 수 있는지 설명하려 하였다.

그가 처음부터 이런 연구를 기획한 것은 아니다. 처음 그는 의과대학에서 정신분석학에 관심을 가졌고, 국립보건원에서 경험을 거친 후 정신분열증 치료에 관심을 가졌다. 그렇지만 그는 정신분석가로서 그런 정신적 질병을 이해하고 치료하는 것에 부정적으로 생각했다. 그는 정신적 문제를 뇌과학적으로, 즉 신경생리학적으로 연구할 필요를 느꼈다. 그가 보기에 당시 정신분석에 의해 마음을 이해하려는 많은 사람들의 노력이 마치 장님 코끼리 더듬는 수준이었다. 그는 정신 현상을 신경계라는 물리 현상으로 이해할 수 있을 것이라는 환원주의(reductionism)에 신념을 가졌다.

당시 러시아 실험생리학자 파블로프(Ivan Petrovich Pavlov)에 의해 세 가지 학습, 습관화(habituation), 민감화(sensitization), 고전적 조건화(classical conditioning) 등이 알려져 있었다. 동물들은 약한 자극에 대해 둔감해지는 습관화를 보여주며, 강한 자극에는 예민하게 반응하는 민감화를 보여준다. 이런 학습 외에, 종소리를 들으며 먹이를 먹는 개는 종소리만 듣고도, 즉 먹이와 연관된 자극만으로 침을 흘리는 반응을 보여준다. 이것이 고전적 조건화다.

캔델은 여러 해에 걸쳐 다른 여러 동료 연구자와 함께

군소 시냅스 학습의 기초 생리적 작용을 연구할 수 있었다. 그 결과 학습이 신경세포인 뉴런의 수준에서 일어나며, 그 학습은 뉴런을 연결하는 시냅스 강화를 통해 일어난다는 것이 실험적으로 이해되었다.

캔델의 이런 연구는 당시의 철학적 관점, 환원주의를 부정적으로 바라보는 관점에 대한 반성에서 시작되었다. 그는 정신 현상을 물질 현상으로 이해할 수 있다는 자신의 환원주의 신념을 신경계 학습을 통해 확인하고 싶었다. 군소의 신경계 학습에 관한 실험적 연구를 통해, 그는 그동안 풀리지 않았던 철학의 인식론 문제를 해소했다고 주장한다.

동물 신경계의 발달 과정에서 뉴런들은 적절한 연결을 이룬다. 그리고 이런 뉴런 연결망인 신경계는 무엇을 학습할 기반이 된다. 그렇지만 이런 발달 과정에서 신경망 자체의 연결 강도까지 지정되지는 않는다. 만약 그렇다면 신경계는 태어나서 학습할 필요가 없을 것이다. 유기체는 환경에 적절하게 반응하기 위해 뉴런들 사이의 연결 경로의 강도와 그 효율성을 조율한다. 그럼으로써 새로운 행동 패턴을 학습할 수 있다. 이것은 군소에 대한 그의 실험적 발견이었다.

캔델에 따르면, 서양 철학에는 두 가지 인식론의 흐름,

경험주의(empiricism)와 이성주의(rationalism, 합리주의)가 있었다. 로크(J. Locke)와 같은 경험주의자에 따르면, 인간의 정신은 마치 백지와 같으며, 어떤 선천적 지식도 갖지 못한 채 태어난다. 그런 백지는 오직 경험을 통해서만 채워지고 그려질 수 있다. 반면에 칸트와 같은 이성주의자는 우리가 특정한 선험적 지식을 가진 채 태어난다(현대 철학자들은 이성주의 대표 철학자로 데카르트를 꼽으며, 칸트는 경험주의와 이성주의를 통합한 철학자로 바라보기도 한다). 예를 들어, 우리는 모두 시간과 공간이란 '직관의 형식(틀)'을 가진 채 태어나므로, 모든 경험을 시간과 공간으로 인식한다.

캔델이 보기에, 경험주의와 이성주의 모두 옳았다. 그 두 견해는 대립적이라기보다 상호 보완적이다. 신경 회로의 연결은 칸트가 말한 것처럼 선험적 지식을 가지고 태어난 것을 보여주며, 그 연결은 연습을 통해서 더욱 완벽히 다듬어진다는 점에서 로크의 생각도 옳다. 이런 측면에서 군소 학습에 관한 자신의 연구는 전통 인식론의 두 흐름을 화합시키는 철학적 해결이기도 하다.

(그는 뉴런 기억의 생리학적 기초에 대한 연구로 2000년 노벨생리의학상을 받았다. 한국에서 과학 분야 노벨상이 나타나기 위해 연구자들은 자신의 연구를 철학적

으로 생각할 필요가 있다. 그렇게 하려면 기초 교양으로 과학철학을 공부하고, 적절한 질문을 할 수 있어야 한다. 질문이 어떻게 창의성을 유도하는지는 7장과 8장에서 설명된다.)

캔델의 인식론이 유익한 설명을 주기는 했지만, 더욱 근본적인 인식론의 물음에 대한 대답을 제공하지는 못했다. 뇌는 무엇을 학습하는가? 그리고 딥러닝을 통한 인공신경망 AI는 실제로 무엇을 학습하는가? 다시 말해서 뇌가 학습하는 지식은 무엇이며, 따라서 AI는 무엇을 학습해야 하는가? 고대부터 철학자들은 인식론을 연구하면서, 지식에 대해 어떤 믿음 또는 가정을 가졌었는가? 그리고 지금은 어떤 믿음과 가정을 가져야 하는가?

참고문헌

박제윤(2021). 《철학하는 과학, 과학하는 철학: 4권 뇌와 인공지능의 철학》. 철학과 현실사.

Hebb, D. O.(1949). *The Organization of Behavior: A Neuropsychological Theory*. Psychology Press.

Kandel, E. R.(2006). *In Search of Memory: The Emergence of a New Science of Mind*. W. W. Norton & Comapny, Inc. 전대호 옮김(2014). 《기억을 찾아서》. RHK.

Mcclelland, J. L.(2011). *Explorations in Parallel Distributed Processing: A Handbook of Models, Programs, and*

Exercises. Stanford University.

Rumelhart, D. E. et al.(1986). Learning Internal Representations by Error Propagation. *Nature*, 323, pp.533~536.

Wiener, N.(1948). *Cybernetics: Control and Communication in the Animal and the Machine*. 김재영 옮김(2023). 《사이버네틱스: 동물과 기계의 제어와 커뮤니케이션》. 읻다.

05
뇌의 지식

지식이 무엇인가?
현실에 없는 것이 어떻게 존재하는가?
법칙이란 무엇인가?
가설 또는 이론은 무엇인가?
예측과 설명이 어떻게 가능한가?
과학의 방법은 무엇인가?

AI 콘텐츠 크리에이터?

개념적 지식

지식이 무엇인가? 이런 질문을 처음 명확히 물었던 인물은 고대 그리스 철학자 플라톤(Plato)이다. 그는 소크라테스의 제자이지만, 그가 특별히 관심을 가지고 연구했던 분야는 피타고라스 기하학이었다. 그가 학교 아카데미아를 세워 학생들을 가르쳤을 때, 그 교문 위에 "기하학을 모르는 자는 이 문에 들어서지 말라"고 써놓았다는 이야기는 너무나도 유명하다. 그는 왜 기하학에서 특별히 관심을 기울였으며, 기하학에서 무엇을 질문했는가?

기하학을 공부하면서 어떤 이는 여러 도형을 더욱 정확히 그려보려 할 수 있다. 그러나 실제로 기하학을 배우거나 가르치기 위해 우리는 이런저런 도형을 정확히 그리지 않는다. 그럴 필요가 없기 때문이다. 왜냐하면 대략적인 도형에서 사람들은 그것의 완전한 도형을 상상하고 알아볼 수 있기 때문이다.

사실 우리는 완전한 도형 자체를 그릴 수 없으며, 실제 세계에서 완전한 도형을 볼 수도 없다. 이런 측면에서, 사실 기하학은 실제 그려진, 또는 눈에 보이는 그림 자체를 다루지 않는다. 다시 말해서 기하학 지식은 종이 또는 칠판에 그려진 도형이 아니라, '마음의 눈에 보이는' 또는 '이성으로 아는' 도형이다. 그러므로 이렇게 말할 수 있다. 기하학의 '실재(reality)'는 실제로(actually) 존재하지 않는다. 플라톤은 이런 관점을 모든 다른 분야의 지식에 대해서도 확대 적용한다. 그는 진리는 '실제에 대한 감각적 앎'에 있지 않으며, '실재에 대한 이성적 앎'에 있다고 보았다.

우리가 다른 사람보다 조금 더 정의로운 사람을 경험할 수 있지만, "정의로움" 자체를 경험하거나 감각적으로 볼 수는 없다. 또한 우리는 '국가'를 감각적으로 직접 보거나 만져 볼 수 없지만, 그것이 무엇인지 이성적으로 안다. 따라서 플라톤은 이렇게 묻는다. 그런 기하학 지식 및 이성적 앎을 우리가 어떻게 습득할 수 있었는가?

그는 당시 영혼 불멸에 관한 믿음에 기대어, 아마도 우리 영혼이 출생하기 전 '이데아(Idea)'의 세계에서 그런 것들을 보았기 때문이라고 가정했다. 물론 오늘날 그런 믿음을 신뢰할 사람을 만나기는 어렵다. 그렇지만 지금도 그에게서 배워야 할 것은, 실재는 결코 경험 자체에서 얻지 못한다는 인식이다. 오히려 경험을 위해 그리고 경험에 앞서 우리는 그런 지식을 이미 알고 있어야 한다. 예를 들어 어떤 것이 삼각형인지 알아보려면, 이미 "삼각형"이 무엇인지 알았어야 한다. 마찬가지로 처음 마주하는 어느 사람을 '사람'으로 알아보려면, 그것이 '사람임'

을 이미 알았어야 한다. 이런 측면에서 우리는 '선험적 지식(a priori knowledge)'을 가진다.

현대 용어로 말해서, 기하학 지식이란 감각적 지식이 아니라 개념적 지식이다. 그런데 우리는 '개념(concept)'을 어떻게 가지는가? 플라톤 이래 경험주의자와 이성주의자 모두 그 질문에 대답하려 노력했지만, 아직 누구도 만족스러운 대답을 내놓지 못했다. 지금도 플라톤의 질문이 중요한 이유는 다음과 같다. AI가 무엇을 알아보려면, 그것에 대한 개념을 가져야만 하기 때문이다. 그런데 '개념'이 무엇인가? 이런 질문은 AI 개발자의 인식론적 도전이다.

법칙적 지식

플라톤의 훌륭한 제자, 아리스토텔레스(Aristotle)는 스승과 달리 생물학에 특별히 관심을 가졌다. 그는 생물학자로서 자신이 어떻게 연구하는지, 그리고 과학의 궁극적 지식에 대한 호기심을 가졌다. 그가 던지는 생물학에서의 궁극적 질문은 이러했다.

계란에서 병아리가 탄생하는 이유는 무엇이며, 그것에서 코끼리는 왜 탄생할 수 없는가? 도토리를 심으면 단풍나무가 나오지 않고, 참나무가 나오는 이유는 무엇인가? 이런 질문에 대한 그의 대답은 이러했다. 계란은 병아리가 될 본성 또는 '본질'을 갖기 때문이고, 도토리는 참나무가 될 본질을 갖기 때문이다. 그는 이런 대답에서 다시 더 궁극적 질문을 던진다. 그 본성 혹은 본질이 도대체 무엇인가? (그는 본질을 4종류로 구분한다. 여기에서 그런 이야기는 생략한다.)

그가 보기에 "모든 계란은 병아리가 된다"는 것이 본성이다. 본성을 말하는 문장은 "모든 S는 P이다"라는 '전칭 긍정 명제' 형식이다. 다시 말해서 일반화이며, 이것은 '법칙'을 말해주는 표현이다. 그러므로 본성을 발견한다는 것은 곧 법칙을 발견하는 것이다. 그는 스스로 생물학 법칙을 어떻게 발견하는지 그 방법, 즉 연구 방법론에 관심을 가졌다. 우리는 반복적인 관찰 및 실험을 통해 일반화를 얻어낼 수 있다. 이것을 그는 "귀납 추론(inductive inference)"이라 했다.

그 일반화로부터 우리는 새로운 관찰을 '예측'하거나, 새로운 사건 및 관찰을 '설명'할 수 있다. 예를 들어, "모든 사람은 죽는다"를 알고, "소크라테스는 사람이다"를 안다면, 그것으로부터 "소크라테스는 죽는다"는 것을 설명하거나 예측할 수 있다. 아리스토텔레스는 이것을 "연역 추론(deductive inference)"이라 했다. 이렇게 과학 탐구에서 우리가 귀납 추론과 연역 추론을 활용한다는 것을 지금도 배운다.

이런 고대 철학의 이야기가 지금도 중요한 이유는, AI가 무엇을 설명하고 예측하려면 일반화를 알아야 하기 때문이다. 그런데 '일반화' 또는 '법칙'이 무엇인가? 이런 궁극적 물음에 대한 대답은, 오늘날 창의적인 AI를 개발하려는 연구자에게 중요한 과제다.

뇌는 새로운 개념을 어떻게 가지며, 새로운 일반화를 어떻게 얻는가? 이런 물음에 대답할 수 있다면, 그것을 모방하는, 즉 창의적 능력을 지닌 AI를 만들 수도 있을 것이다. 우리 신경계는 '개념'과 '일반화'를 어떻게 가지는가?

대응도 형성

모든 동물의 신체는 수정란 1개에서 시작된다. 수정란은 세포 분열을 통해 그 수를 빠르게 늘려나가고, 그렇게 증식된 세포가 전체 몸을 구성한다. 뉴런 역시 일종의 세포이며, 따라서 세포 분열을 통해 그 수를 늘려나가고, 그것이 신경계를 구성한다.

기본적으로 동물은 움직이며 살아가는 생명체다. 그러므로 동물은 세계의 자원을 활용하기 위해, 세계의 정보를 파악할 수 있어야 한다. 다시 말해서, 세계를 표상할 수 있어야 한다. 그리고 그것에 근거해서 행동을 조절할 수 있어야 한다. 그러자면, 우선 신경계는 입력 정보를 받아들여, 그것을 적절히 분석할 수 있어야 한다. 그렇게 하기 위해 신경계는 발달 과정에서 많은 뉴런들 사이에 병렬식 연결을 이루며, 그 연결을 통해 감각 정보를 분석하고, 근육을 조절할 능력을 담아낸다.

예를 들어, 시각 시스템에서 망막은 대략 120만 개 정도 시신경을 가지며, 그것은 시신경 경합 세포를 거친 후 100만 개 내외의 무수한 병렬 연결로 시상(thalamus)의 외측 무릎핵(lateral geniculate nucleus, LGN)으로 연결되고, 그것은 다시 후두엽(occipital lobe)의 여러 시각피질 층으로 병렬 연결된다.

그런 병렬 연결은 마치 딥러닝(deep learning) 구조와 같이, 입력층에서부터 출력층 사이에 여러 은닉층을 가지는 구조다. 그리고 그 시스템은 출력 정보를 입력층으로 되돌리는 재귀적 연결도 갖는다. [이것이 왜 중요한지는 다음 장에서 설명된다. 그리고 이런 '병렬 연결망(parallel network)'이 머릿속으로 그려지지 않는 독자라면, 온라인 검색을 통해 당장 그림을 살펴보라. 이 저서 시리즈의 편집 방침에 따라 그 그림을 제공하지 않지만,

그 구조를 본 적이 없다면 이후 이야기를 이해하기 어려울 수 있다.]

그런 병렬 연결을 통해서, 그리고 병렬 신호 전달 과정에서 뇌는 감각 신호를 운동 신호로 적절히 변조한다. 그러므로 신경계의 기초 연결 원리는 대응하기(mapping)이며, 대뇌피질은 신체의 감각에 대응하고, 신체의 근육에 대응하는 피질, 즉 "국소 대응도(topographic map)"를 가진다.

이러한 신경 연결망에 기초해서 인식론을 연구하는 학자로 처칠랜드 부부(Paul & Parricia Churchland)가 있다. 그들 부부는 이러한 철학 연구, 즉 '신경철학(Neurophilosophy)'을 개척한 선구자다. 그리고 그들이 개척한 인식론을 '신경인식론(Neuroepistemology)'이라 이름 붙였다. 그들의 관점에서, 신경 연결망의 인식론은 다음과 같다.

은닉층 신경망은 세계에 대해 특정한 활성화 패턴으로 반응하도록 학습할 수 있으며, 그런 활성화 패턴은 무엇을 그것으로 분별할 능력이다. 따라서 그런 신경망의 활성화 패턴은 그것이 분별하는 것에 대한 표상(representation)인 셈이다. 앞서 살펴보았듯이, 그런 표상은 신경망의 시냅스 가중치로 저장된다. 만약 우리가 그 가중치를 숫자로 표현한다면, 신경망의 표상은 숫자의 나열, 즉 행렬(matrix) 또는 벡터(vector)로 표현된다. 그리고 그런 신경 표상들은 대응하기를 통해 행렬 계산, 즉 벡터 변환의 계산을 실행한다.

그런 신경망 은닉층이 경험 및 학습을 통해 유사한 입력 신호에 대해 특정한 패턴으로 활성화하도록 조율된다면, 그 신경망은 유사한 것들을 같은 것으로 분류할 수 있다. 그러므로 그런 은닉층의 활성화 패턴은 무엇을 다른 것들로부터 분별할 분류 체계(classifying system)로서 범주(categories)와 같은 역할을 할 수 있다. 즉, 그것은 추상적 개념으로서 역할을 할 수 있다. 이런 가설적 추론으로부터 '추상적 개념'이란 "신경망의 활성화 패턴"이라고 말할 수 있다.

그리고 운동 조절 능력을 위해, 신경계는 자체의 감각 입력층과 운동 출력층 사이에 은닉층을 가져서, 입력 신호를 출력 신호로 적절히 변환해야 한다. 역시 그런 은닉층의 능력은 경험 및 학습을 통해 만들어진다. 만약 그런 은닉층이 특정한 활성화 패턴으로 적절히 운동 조절을 할 수 있다면, 그것은 미래의 예측 능력을 부여할 수도 있다. 신경망은 아직 일어나지 않은 사건에 대해 학습된 활성화 패턴에 따라 운동 신호를 내놓기 때문이다. 진화적으로 이러한 신경망은 고도로 발달하여, 다음 계절에 어느 곳에 가면 먹을 것이 풍부하다는 경험을 자체의 '활성화 패턴'으로 기억하는 방식으로 일반화를 담아낼 수 있다.

결론적으로, 은닉층 신경망은 경험적 학습을 통해 추상적 개념과 일반화를 담아낼 수 있다. 이것을 확장하자면, 신경망 전체는 우리의 '배경 믿음' 또는 '이론 체계'를 자체의 활성화 패턴으로 담아낸다고 말할 수 있다. 여기서 두 가지 유념해야 할 것이 있다.

첫째, 그런 신경망이 개념과 일반화를 모두 담당한다는 측면에서, 그 둘 사이에 구분은 사실상 무의미하다. 전통적으로 철학자들은 인식론을 언어적 관점에서 접근해 왔다. 그러므로 개념은 '단어'에 상응하며, 일반화는 '문장'에 상응하는 무엇으로 고려하였다. 그러므로 그 둘을 명확히 구분되는 것으로 가정하였다. 그러나 신경망의 활성화 패턴에 초점을 맞추는 신경인식론의 입장에서 그 둘 사이에 근본적 차이는 없다.

둘째, 그런 신경망은 배경지식(믿음) 또는 배경 이론에 따라 세계를 분별하고, 행동을 조절한다. 은닉층 신경망은 개념 및 일반화를 담아낸다(저장한다). 그러므로 입력층 신호는 은닉층 활성화 패턴을 통과하면서, 은닉층의 활성화 패턴에 따라서 무엇을 분별하고, 이해할 수 있다. 다시 말해서 인식론적으로, 모든 감각은 배경 믿음(지식)이나 배경 이론 체계에 따라서 반응함으로써 세계를 분별하고, 운동을 조절할 것이다.

이러한 처칠랜드 부부의 철학적 기반은 하버드 철학자 콰인(W. V. O. Quine)이었다. 콰인 인식론의 입장에서 처칠랜드 부부는 현대 인공신경망 AI에 대해 어떤 말을 해 줄까? 그리고 과연 전통 인식론의 문제를 이렇게 뇌의 관점에서 접근하는 것이 적절한가?

참고문헌

박제윤(2021a). 《철학하는 과학, 과학하는 철학: 1권 과학철학의 시작》. 철학과 현실사.

박제윤(2021b). 《철학하는 과학, 과학하는 철학: 4권 뇌와 인공지능의 철학》. 철학과 현실사.

Churchland, P. S.(1986). *Neurophilosophy: Toward to the Unity of Mind-Brain.* MIT Press. 박제윤 옮김(2006, 2021). 《뇌과학과 철학: 마음-뇌 통합과학을 향하여》. 철학과 현실사.

Quine, W. V. O.(1970). *The Web of Belief.* Random House. 정대현 옮김(1984). 《인식론: 믿음의 거미줄》. 종로서적.

06
표상과 환원

뇌 연구를 통해 마음에 접근할 수 있는가?
정신 영역을 물리적으로 접근해도 좋은가?
환원주의가 허락될 수 있는가?
그런 접근이 범주 오류는 아닌가?
정신이 물리적 뇌에서 어떻게 나오는가?

AI와 민주주의?

자연주의 철학

캐나다 출신 미국 철학자 처칠랜드 부부는 신경망의 작용에 기초하여 인식론을 새롭게 해명한다. 그들이 신경인식론을 개척하기로 결심한 계기는 콰인의 자연주의 철학을 읽고서다. 콰인은 논문 "자연화된 인식론(Epistemology Naturalized)"(1969)에서 인식론 연구에 자연과학을 끌어들여 탐구할 필요가 있다고 주장한다. 처칠랜드 부부는 자연주의 인식론의 입장에서 정신적 '표상(representation)'을 신경망의 활성화 수준에서 탐색하고 규정한다.

이러한 자연주의는 전통 인식론에 대한 반성에서 나왔다. 전통적으로 (과학)철학은 과학 연구에 대한 반성적 작업이었다. 과학이 자연에 대해 어떠한 새로운 발견을 이루어내는 경우, 그것이 왜 그래야 하는지 정당성 또는 규범적 논의가 필요했다. 따라서 과학을 비판적으로 연구하는 학자는 자연스럽게 철학적 논의로 이끌린다.

예를 들어, 칸트는 뉴턴 역학을 공부하면서, 뉴턴 역학의 지식이 "선험적 종합 판단"이라고 보았다. 그리고 그는 그런 놀라운 능력이 어떻게 가능할 수 있는지 설명하고 싶었다. 그렇게 그는 뉴턴을 위한 철학을 연구했지만, 뉴턴이 가정했던 '절대 시간' 및 '절대 공간'은 잘못된 개념이라고 논증적으로(선험적으로) 밝힌다. 시간 및 공간은 세계에 실제로 존재한다는 뉴턴의 개념이 틀렸으며, 그것은 (규범적으로) 경험을 가능하게 하는 일종의 감각 형식(틀)이어야 한다고 주장했다. 이렇게 칸트는 철학이 과학의 규범적 정당성을 선험적으로 연구하는 분야라는 것을 스스로 보여주었다. 그의 철학적 방법은 그 자체로 후대 철학자의 규범이며 패러다임이 되었다.

그런데 콰인은 논문 "경험주의 두 도그마(Two Dogmas of Empiricism)"(1951)에서 우리의 경험적 지식과 선험적 지식 자체에 대한 반성, 즉 전통 철학 자체에 대한 비판적 시각을 내놓았다. 우리의 경험적 지식이 '세계에 대한 직접적 지식'이 아니며, 선험적 탐구가 진리를 보장하지도 않는다. 이렇게 그는 자신이 가담하였던 논리 실증주의(logical positivism)의 기초 가정을 철저히 무너뜨렸다. 경험 및 관찰에 의존한 탐구는 언제나 배경 믿음에 의존하기 때문이다. 선험적 철학 연구 역시 그런 한계를 벗어날 수 없다.

또한 그는 논리 실증주의 및 분석 철학에 심취했던 철학자였지만, 처음부터 하버드의 프래그머티즘(pragmatism)을 계승하는 철학자이기도 했다. 프래그머티즘에 따르면, 전통 철학자들이 기대하였던 "진리에 대한 탐구"라는 철학의 목표는 잘못 설정된 것이다. 우리는 지적 성장을 통해 이전보다 나은 지식을 탐구할 수 있을 뿐, 결코 영원히 변치 않을 진리를 탐구할 수는 없다.

이러한 프래그머티즘의 새로운 관점에서 콰인은 철학이란 진리를 찾기보다, 이전보다 더 나은 지혜를 찾아야 한다고 생각했다. 그리고 인식론 연구도 이전보다 나은 배경 믿음에 의존해서 탐구해야 하며, 따라서 자연과학 및 뇌과학의 연구 성과를 끌어들여 과학적으로 탐구할 필요가 있다는 자연주의 철학을 주장했다.

이런 콰인의 입장에서 페트리샤 처칠랜드는 스스로 의학을 공부하고 신경과학 연구에 합류했으며, 폴 처칠랜드는 UCSD의 연결주의 AI 연구 모임에 합류하였다.

환원주의

콰인의 자연주의 태도는 물론, 처칠랜드 부부의 신경철학 연구에 대해, 한국을 포함하여 세계 여러 철학자는 그런 철학 연구는 '환원주의 오류'를 범한다고 지적한다. 그들의 지적에 따르면, 철학이 탐구하는 정신 영역은 물리적 영역이 아니며, 따라서 정신 영역을 뇌과학에 의존해서 탐구하려는 것은 전통적으로 철학이 걸어온 길이 아니다.

사실 전통적 환원주의에 대해 가장 비판적으로 논의했던 인물은 콰인 자신이다. 그는 데카르트식 환원주의, 즉 뉴턴이 따랐던 그리고 과학의 혁명기에 모든 연구자가 따랐던 환원주의에 대해 결정적으로 논박하였다. 전통적 환원주의에 따르면, 과학적 설명 방식 또는 설명 체계는 자명한 원리인 공준(postulates) 및 공리(axioms)를 찾아서 그것으로부터 조금 더 복잡해 보이는 정리(theorems)를 논증해야 한다. 이것이 바로 모든 연구자가 따라야 할 환원주의 패러다임(paradigm)이었다.

콰인은 그런 환원주의 전략이 잘못된 것임을 수학자 괴델이 주장한 수학의 '불완전성 정리'(1930, 1931)에 근거해서 논파했다. 그리고 그는 관찰이 배경 믿음에 의존한다는 '전체론(holism)'의 입장에서 전통적 환원주의 접근이 옳은 탐구 전략이 아니라고 명확히 밝힌다. 이런 배경에서 그는 철학을 과학적으로 연구할 필요가 있다고, 자연주의 철학을 주장한다.

그런 콰인의 전망에 따라, 처칠랜드 부부는 환원주의를 지지한다. 그들 부부 철학자가 지지하는 환원주의는 전통적 환원주의는 아니다. 여기서 전통적 환원주의와 처칠랜드가 주장하는 "이론간 환원주의(intertheoretical reductionism)"를 구분할 필요가 있다. 그들 부부는, 콰인의 전체론의 입장에서, 인식론 연구자는 새로운 발견을 위해 배경 믿음을 확장해야 한다. 다시 말해서, 에드워드 윌슨(Edward O. Wilson, 1929~2021)이 주장했듯이, 통섭 연구가 필요하다는 주장이다.

범주 오류

여러 철학자는 처칠랜드 부부의 환원주의를 반대하면서, 그들이 범주 오류(category mistake)를 범한다고 지적하기도 한다. 정신의 영역, 즉 마음의 영역은 물리적으로 접근할 연구 대상이 아니기 때문이다. 그러므로 정신 현상에 대해 실험적으로 연구하는 신경과학 연구에 의존하기보다, 마음으로 자신을 들여다보는 반성적 연구이어야 한다. 살펴보았듯이, 이것을 명확히 지적한 철학자는 칸트였다. 그리고 라일(Ryle G. 1900~1976)을 비롯한 현대 여러 철학자 역시 그렇게 지적한다. 마음에 대한 탐구와 뇌에 대한 탐구는 서로 다른 범주이며, 따라서 각각의 연구 방법도 달라야 한다.

그러나 '이론간 환원'을 주장하는 처칠랜드 부부는, 콰인의 전체론(holism)과 토머스 쿤(Kuhn T. 1922~1966)의 "패러다임 전환(paradigm shift)"을 지지하는 입장에서, 어느 영역에 대한 범주가 영원히 고정되어 있다거나,

어느 직관적 앎이 명확한 참이라고 믿는 것은 옳지 않다고 말한다. 새로운 과학적 발견으로 과거 직관적으로 명확해 보였던 구분이나 인식이 뒤집어진 사례는 근대 과학 혁명이 잘 보여준다.

예를 들어, 오래전 지구가 우주의 중심이라는 믿음이 있었다. 그러나 우주가 나를 중심으로 회전하는 명확한 관찰에도 불구하고, 갈릴레이와 뉴턴이 당시의 상식적 직관을 뒤엎었다. 또한 직관적으로 명확해 보였던 뉴턴의 절대 시간과 절대 공간은 아인슈타인의 (반직관적) 시공간의 상대성 이론에 의해 부정되었다. 그리고 다윈은 지구의 모든 생명체에 대해 '자연선택'이라는 진화를 통해 다양한 종이 탄생했다는 반직관적 주장을 내놓았고, 왓슨과 크릭은 그런 생명체의 본성이 DNA라는 염기서열을 통해 계승된다는 새로운 (반직관적으로 보였던) 주장을 내놓았다. 그리고 튜링은 AI가 인간처럼 지성적일 수 있다는 반직관적 주장을 내놓았다.

여러 직관적 믿음이 뒤집혔듯이, 오랜 직관적 믿음이 오류라고 판명될 수 있다. 지금이 딱 그 시점인 듯싶다. 최근 AI의 존재와 관련하여, 과연 AI가 "의식을 가질지"에 관한 논란에 대해서도 이런 의심의 눈으로 바라볼 필요가 있다. 전통적 관점에서 범주 오류를 말하거나, 염려하는 학자는 자신의 연구에 한계선을 긋는다. 그런 태도는 자신과 동료들이 앞으로 나아감에서 주저하게 만든다. 처칠랜드 부부의 새로운 환원주의는 AI 연구자가 연구에 나설 수 있게 해 준다. (AI의 위험성과 관련한 논의는 이와 별개의 논점이다.)

참고문헌

박제윤(2008). "이론간 환원과 제거주의". 《과학철학》, 11(2), 147~171쪽.

박제윤(2009). "표상의 역할과 환원적 제거주의". 《과학철학》, 12(1), 95~124쪽.

박제윤(2021a). 《철학하는 과학, 과학하는 철학: 3권 현대 과학과 철학》. 철학과 현실사.

박제윤(2021b). 《철학하는 과학, 과학하는 철학: 4권 뇌와 인공지능의 철학》. 철학과 현실사.

Churchland, P. S.(1986). *Neurophilosophy: Toward to the Unity of Mind-Brain.* MIT Press. 박제윤 옮김(2006, 2021). 《뇌과학과 철학: 마음-뇌 통합과학을 향하여》. 철학과 현실사.

Churchland, P. S.(2002). *Brain-Wise: Studies in Neurophilosophy.* The MIT Press. 박제윤·김두환 옮김(2015). 《뇌처럼 현명하게: 신경철학 연구》. 철학과 현실사.

Quine, W. V. O.(1951). Two Dogmas of Empiricism. *The Philosophical Review, 60,* pp.20~43.

Quine, W. V. O.(1969). Epistemology Naturalized. *Ontological Relativity and Other Essays*, pp.69~90. Colombia University Press.

07
뇌와 AI의 창의성

지식은 어떻게 성장하는가?
새로운 표상(관념)은 어떻게 탄생하는가?
새로운 일반화(가설)가 어떻게 가능한가?
창의성이 무엇인가?
어떻게 창의성을 발휘할 수 있는가?
비판적 질문이 어떻게 창의성을 유도하는가?

AI와 애니메이션?

창의적 신경망

도서관과 서점에는 창의적 능력을 길러주는 또는 그 능력을 잘 발휘하게 해 줄 효과적인 방법을 제시하는 도서가 넘쳐난다. 그중에 어느 것이 설득력이 있을지를 우리가 어떻게 알아볼 수 있는가? 그런 수많은 제안이 있었음에도, 여전히 많은 사람은 창의적 방법을 알고 싶어 한다. 그런다는 것은 지금까지 제안들이 그다지 설득력을 갖지 못하기 때문일 것 같다.

'창의성'에 대한 사전적 정의는 "새롭고 유용한 생각"이다. 그런 정의와 설명이 우리에게 그다지 유익한 이해를 주지는 못한다. '새롭고 유용한 생각' 자체가 무엇인지 다시 설명되어야 하기 때문이다. 그것을 제대로 설명하지 못한 채 제안되는 창의적 방법과 그 방법을 적용한 실증적 사례는 모두 자체의 가설에 맞춘 것들인 만큼 공허하다. 포퍼(Popper K. 1902~1994)가 우려했듯이, 자체의 주장이나 가설에 어울리지 않는 또는 반증(반박)되는 사례는 배제한 채, 오직 그럴듯한 사례만을 제시하는 것은 과학(학문)이 아니다. 틀릴 가능성을 고려하지 않기 때문이다.

창의성에 대한 궁극적 의문에 접근하려면, '앎' 또는 '지식' 자체가 무엇인지를 연구하는 '인식론'의 관점에서 살펴봐야 한다. 앞서 이야기했듯이 처칠랜드 부부는 신경인식론의 관점에서 세계에 대한 '표상'이란 "신경망의 활성화 패턴"이라고 본다. 신경망의 병렬 계산 구조 내에 은닉층 신경망은 세계에 대한 특정한 활성화 패턴을 학습한다. 그런 신경망은 세계의 사물이나 언어에 대해 특정한 패턴으로 반응함으로써, 무엇을 그것으로 분별할 능력을 얻는다. 이것이 그들 부부의 "신경망 표상 이론"이다.

그 이론에 따르면, 세계에 대한 표상, 즉 지식 또는 믿음, 그리고 가설 및 이론 등은 모두 신경망의 특정한 활성화 패턴이다. 그러므로 누군가 다른 사람과 달리 '새롭고 유용한 생각'을 가진다는 것은, 그의 신경망이 그런 생각을 하도록 '특정한 활성화 패턴'을 학습했기 때문이다. 그것을 어떻게 학습할 수 있는가?

신경망의 자기 조직화

신경망이 새로운 활성화 패턴을 찾는, 즉 새로운 활성화 패턴을 학습할 수 있는 것은, 병렬 처리 신경망이 세계와 대응 구조를 가지며, 자체의 뉴런들 사이에 연결 강도를 수정할 수 있기 때문이다. 그러한 신경망의 학습 또는 수정은 신경망의 자기 조직화(self-organization)에 의해 일어난다.

뇌는 일종의 복잡계(complex system)이며, 복잡계는 시간 경과에 따라 특정한 패턴을 스스로 만들어간다. 신경망이 특정한 활성화 패턴을 학습하는 것은 진화가 결정한 신경망의 자기 조직화 메커니즘에 따라서다. 예를 들어, 어린아이가 걸음마를 시작하면서 감각 및 운동 조절 신경망 메커니즘이 자기 조직화를 통해 걸음을 걷도록 학습시킨다. 그 어린이는 성장 후 같은 방법으로 미끄러운 눈 위에서 스키 타는 법을 학습할 수 있다. 처음 스키를 신고서 몇 번 넘어지는 경험을 하는 동안, 자체 신경망의 연결 강도는 (의식과 무관하게) 스스로 조정된다. 그뿐만 아니라 말로 가르칠 수 없는 영아들은 특별히 가르치는 사람이 없더라도 언어를 터득한다. 그리고 우리는 그런 것들을 어떻게 학습했는지 스스로 설명하지 못한다.

여러 신체의 동작을 조절하는 신경망, 언어를 말하도록 조절하는 신경망, 과학을 공부하는 신경망 등등은 모두 저마다 다른 자기 조직화 학습 규칙을 가질 것이다. 신경망의 자기 조직화는 최초 신경계의 구조적 연결에서부터, 삶을 영위하면서 필요한 여러 능력과 지혜를 학습하는 것에, 그리고 이미 학습된 활성화 패턴을 재조직화하는 것에도 관여한다. (이런 자기 조직화를 AI에 적용한 것이 학습 규칙, 즉 학습 알고리즘이다.)

신경망이 곤란한 문제에 직면해서 새로운 해법을 찾아내는 것도 신경망의 자기 조직화를 통해서다. 그러므로 창의적으로 문제를 해결하려면, 신경망의 자기 조직화가 유도되어야 한다. 새로운 창의적 시각으로 세계를 바라보고 이해하려면, 신경망의 활성화 패턴에 어떤 변화를 일으켜야만 한다. 그런 변화를 통해서, 이미 학습된 신경망의 활성화 패턴이 수정될 것이다.

신경망의 새로운 활성화 패턴은 우리의 배경 지식 또는 배경 믿음, 새로운 개념 및 일반화 자체다. 그리고 우리는 그런 활성화 패턴에 의해 세계를 새롭게 관찰하고 이해하는 것이 가능해진다. 그러므로 우리는 자신의 신경망에 새로운 패턴 형성이 일어나도록 어떻게든 촉발해야 한다.

비판적 질문

그러한 촉발이 어떻게 일어나는지 직접 뇌를 통해 실험한 사례는 보고되지 않았다. 그렇지만, AI 연구자들은 그런 방법을 이미 잘 활용하고 있다. 그들은 인공신경망이 세계를 분별할 활성화 패턴을 학습시키는 경우, 한 번의 학습만으로 그것이 최적의 학습이라고 신뢰하지 않는다. 그것을 다시 학습시켜서 이전 것보다 더 좋은 해답이 있을지 확인한다. 이것을 그 연구자들은 '요동(fluctuation)'이라 말한다.

조금 더 전문적으로 말하자면, 인공신경망을 학습시키는 경우, 그 연구자는 인공신경망이 오류 최솟값을 찾도록 수학적으로 유도한다. 그리고 만약 그 오류 최솟값이 얻어지더라도 연구자는 그것을 최종의 학습으로 받아들이지 않는다. 인공신경망이 학습한 결과로 얻어낸 오류 최솟값이 국소 최솟값(local minimum)인지, 아니면 전체 최솟값(global minimum)인지, 즉 최적의 학습인지 알아보아야 한다. AI 개발자들은 그것을 알아보기 위해 학습을 마친 인공신경망에 오륫값을 부여하고, 재학습을 유도한다. 프래그머티즘 철학이 알려주었듯이, 우리도 자신이 학습한 것이 '영원히 변치 않을' 진리인지 알 방법을 갖지 못한다. 다만 이전보다 나은 지식인지를 알아볼 뿐이다.

이러한 인공신경망 학습에서 얻은 교훈에 따라, 우리의 신경계도 그러한 재학습을 통해 새로운 활성화 패턴을 얻을 수 있다고 가정된다. 자기 조직화하는 뇌의 신경망에 재학습을 유도하는 방법이란, '의심하기'다. 일찍이

데카르트가 철학 방법을 모범적으로 보여주었듯이, 철학적으로 사고한다는 것은 무엇에 대해서든 '회의적 태도'를 갖는 것을 의미한다. 그것을 철학자들은 '비판적 사고(critical thinking)'라고 불렀다.

이 책은 비판적 사고를 두 가지로 구분한다. 하나는 자신이 신뢰하는 가정 및 전제로부터 자신의 주장 및 결론이 논리적 오류 없이 추론되는지 검토하는 '논리적 의심'이다. 둘째는 자신이 신뢰하는 또는 당연하게 여기는 가정 및 전제 자체에 대해 의심하는 '궁극적 의심'이다.

첫째, 의심을 통해 뇌의 신경망은 새로운 경로를 탐색하고, 이전과 다른 신경망을 활용한 추론을 유도할 수 있다. 다시 말해서 새로운 시각에서 다르게 생각할 수 있다.

둘째, 의심을 통해 뇌의 신경망은 기초 가정 자체를 새롭게 조직할 수 있다. 다시 말해서 기초 개념을 형성하는 신경망 활성화 패턴을 흔들어, 그것이 새로운 활성화 패턴을 찾아내도록 유도할 수 있다. 이렇게 되면 우리는 이전과 다른 새로운 관점에서 세계를 바라볼 수 있다. 이것은 커다란 사고의 전환을 유도한다. 예를 들어, 아인슈타인이 뉴턴의 시간 · 공간 개념을 의심하여, 새로운 시 · 공간 개념을 찾아냈을 때, 물리학 자체의 혁명적 변화가 유도되었다. 그야말로 패러다임의 전환이 이루어진 것이다.

이렇게 의심하기 또는 질문하기는 신경망이 새로운 활성화 패턴을 찾도록 촉발하며, 신경망의 자기 조직화 기능이 최적의 대답을 찾아내도록 촉발한다. 그렇게 하여 세계를 창의적으로 바라보고 이해할 새로운 신경망의 활성화 패턴이 우리의 뇌에 조성된다.

참고문헌

박제윤(2013). "창의적 과학방법으로서 철학의 비판적 사고: 신경철학적 해명". 《한국과학교육학회지》, 33(1), 144~160쪽.

박제윤(2021). 《철학하는 과학, 과학하는 철학: 4권 뇌와 인공지능의 철학》. 철학과 현실사.

Churchland, P. S.(1986). *Neurophilosophy: Toward to the Unity of Mind-Brain*. MIT Press. 박제윤 옮김(2006, 2021). 《뇌과학과 철학: 마음-뇌 통합과학을 향하여》. 철학과 현실사.

Churchland, P. S.(2002). *Brain-Wise: Studies in Neurophilosophy*. The MIT Press. 박제윤·김두환 옮김(2015). 《뇌처럼 현명하게: 신경철학 연구》. 철학과 현실사.

08

뇌와 AI의 의식

동물은 행동 습관을 어떻게 바꾸는가?
의식이 무엇 때문에 필요했는가?
의식은 신경계에 어떤 역할을 하는가?
의식이 무엇인가?
의식을 잘하는 방법이 무엇인가?

AI와 인재 채용?

의식과 학습

우리를 포함하여 포유류 신경망 학습의 기초 원리는 신경망 자체의 '자기 조직화'다. 그러한 자기 조직화는 자연선택이 결정한 결과라고 할 수 있다. 성장 과정에서 신경망은 유전자 정보에 따라 축삭과 수상돌기를 뻗어 학습할 기반 조직을 스스로 구성하는 것은 물론, 이후 자신의 경험을 신경망에 담아내는 것 역시 자기 조직화를 통한 시냅스 강도 조절을 통해서 이루어진다. 성장 중에 일어나는 신경망 연결과 기초 운동 조절을 위한 신경망 조율은 '의식과 무관하게' 일어난다.

그러나 성장 후 경험을 통한 신경망 학습의 촉발은 대부분 '의식'과 관련된다. 예를 들어, 학교에 오가며 우리가 일상적으로 마주치는 수많은 일들은 기억되지 않는다. 우리는 의식하지 않고 운동 조절을 할 수 있으며, 심지어 의식 없이 판단도 할 수 있다. 판단이 습관적으로 일어나기 때문이다. 반면에 어느 전철역에서 특별한 공연이 의식되었다면, 또는 특별히 반가운 친구를 우연히 만나고 그것이 의식되었다면, 그 사건은 상당히 오래도록 기억으로 저장된다. 유한한 신경계 용량에 비추어, 무수한 일상적 사건을 기억하는 것은 자원 낭비일 것이다. 앞서 살펴보았듯이, 신경망은 '패턴'을 저장하고, 대부분 일상생활에서 우리는 그 패턴에 따라 무의식적으로 판단하고 행동한다.

학교에서 강의를 듣는 중 그 내용을 의식하지 않으면 그것은 기억되지 않는다. 예를 들어, 수업 중 다른 생각에 빠진다면, 그 수업 내용은 기억되지 않는다. 이런 경우에 기억과 학습, 조금 더 정확히 말해서 기억과 의식은 긴밀한 상관성이 있다. 무엇을 기억하려면 의식이 필요하기 때문이다. 아마도 다른 포유류에게도 그러할 것이다.

아프리카 초원의 기록 영상에서, 사자 새끼가 어미로부터 독립하기 전 사냥 기술을 학습한다. 그 어린 사자는 멀리 다가오는 먹이에 유혹되어 성급히 달려 나가지만 그 먹이를 잡지 못한다. 계속된 실패에 지쳐서 뛸 힘조차 없어질 때쯤, 그 어린 사자는 방법을 바꾼다. 풀숲에 엎드려 먹이가 가까이 다가오기를 기다린다. 그리고 마침내 기습하여 사냥에 성공한다. 그 녀석이 의식을 갖지 않는다면, 이런 습관적 행동의 변화는 일어날 수 없다. 이후 그 사자는 동료들과 협동 사냥하는 방법까지 학습한다. 이렇게 학습은 의식, 특히 반성적 의식과 긴밀한 관련이 있어 보인다.

일상적으로 우리는 반성적 의식의 역할을 잘 알고 있다. 그래서 교사는 옳지 않은 사회적 행동을 보인 학생에게 이렇게 다짐받으려 한다. "너 반성했지? 다음에는 그렇게 행동하지 않겠지?" 결론적으로 이렇게 말할 수 있다. 자연선택은 무의식 행동 습관을 수정하도록 '의식'을 만들었다.

의식 이론

AI가 의식을 가질 수 있는지 의문에 대답하려면 궁극적 질문인 의식 자체가 무엇인지부터 논의되어야 한다. 의식에 관한 많은 가설이 있지만, 그중 신경학 실험 데이터에서 비롯된 유력한 두 가지 이론으로 전역신경작업공간이론(Global Neuronal Workspace Theory, GNWT)과 통합정보이론(Integrated Information Theory, IIT)이 있다.

먼저 GNWT는 바스(B. Baars)가 처음 제시했고, 이후 드앤(S. Dehaene)이 신경학적으로 발전시켰다. 그 이론에 따르면, 전두엽을 포함하는 여러 뇌 영역이 작업 공간을 구성한다. 여러 영역 중 전두엽은 일종의 중앙 허브처럼 정보를 통합하고 여러 영역에 공유하여, 그 정보를 활용 가능케 하는 중요한 역할을 맡는다. 그렇게 작업 공간이 작동할 때 의식이 발생한다. 의식은 마치 정보를 뇌의 넓은 영역으로 전송하는 방송과 비슷하다. 예를 들어,

무심코 걸어가는 사람에게 뒤에서 "자전거 조심해!"라는 소리를 뇌 내부의 청각 시스템이 듣는 경우, 그 정보는 뇌 내부에 방송되어 다른 시스템으로 전달된다. 그 방송을 들은 신경계의 운동 시스템은 위험 회피 행동을 할 수 있다. 그런 방송 유사 활동이 곧 의식이다.

다음으로 통합정보이론은 토노니(G. Tononi)에 의해 주창되었고, 코흐(C. Koch) 외 다른 신경학자에 의해 다듬어졌다. 이 이론은 '정보의 통합 정도'인 '파이(Φ)'라는 수학적 값이 곧 의식의 정도다. 따라서 정보를 통합할 수 있는 유기체라면 무엇이든 조금이라도 의식을 갖는다. 의식이 정보를 통합하는 물리적 뇌(장치)의 연결을 통해 파생되지만, 그 연결은 반드시 '내재적인 원인-결과(intrinsic cause-effect)' 구조를 가질 경우만이다. 인공 반도체 회로는 이런 연결 구조를 갖지 못하므로 결코 의식을 갖지 못한다.

이 이론은 신경학적 실험 결과를 고려하여, 전전두엽은 의식과 무관하다고 주장한다. 전전두엽이 제거된 환자가 일상적 생활이 가능했다는 보고가 있었기 때문이다. 소뇌 또한 의식과 무관하다고 본다. 소뇌 없이 살아가는 특이한 사람이 발견되었기 때문이다. 의식과 관련된 대뇌피질 영역은 두정엽, 후두엽, 측두엽 등이며, 이 영역을 코흐는 의식을 위한 '핫-존(hot-zone)'이라 말한다.

이러한 이론들은 특별히 의식의 '주관적 경험'에 초점 맞춘다. 우리는 세계를 경험하면서, 그 생생한 체험적 느낌을 느낀다. 그렇다는 것을 우리는 직관적으로 안다. 그런 생생한 체험적 느낌 자체가 곧 의식이다. 그런 '주관적 느낌' 자체는 오직 그것을 느끼는 생명체만이 갖는 고유한 것으로, 이것이 곧 의식이라고 본다.

AI가 의식을 가질 수 없다고 주장하는 여러 철학적 논의는 대부분 이런 직관적 가정에서 추론된 결론이다. 오직 인간 같은 생명체만이 주관적 느낌을 알 수 있으므로, 기계와 같은 물리적 장치는 결코 의식을 가질 수 없다는 논증이다. 그러나 많은 심리학자는 그러한 주관적 경험이 얼마나 흔히 오류를 일으키며, 환영 또는 환각을 일으키는지에 주목한다. 여기서 우리는 의식에 관한 직관적 체험 자체의 자명함을 의심할 필요가 있다.

심리학자 프리스(C. Frith, 2007)에 따르면, 우리가 세계와 (지각과 행동을 통해) 힘들이지 않고(직접적으로) 상호작용한다는 경험은 사실 환상(illusion)이다. 우리 뇌가 이런 환상을 만들어 내는 것은, 뇌가 세계를 배우는 모든 복잡한 과정을 드러내지 않기 때문이다.

7장에서 이야기했듯이, 직접적 경험에 대해 우리는 의

심할 필요가 있다. 이 책은 위의 두 의식 이론에 대해 다음과 같이 의심한다.

첫째, '주관적 느낌'으로서 의식이란 정신 현상의 느낌을 말한다. 이런 느낌을 붙든다면, 그 입장은 이원론을 전제하는 것이다. 그럼으로써 그 입장은 의식을 신경과학으로 접근하려는 자신의 목적 자체를 스스로 차단한다. (코흐는 이런 점에서 이중적 기준을 세운다. 의식은 물리적 뇌에서는 가능하지만, 물리적 반도체 회로에서는 불가능하다고. 그 차이는 '내재적인 인과적 힘'의 여부라고.)

둘째, 위의 두 이론은 의식이 진화적으로 왜 필요했는지 의문에 대한 진지한 고려가 부족하다. 의식이 생명체 자체의 진화적 적응에 유리했던 이유를 설득하려 하지 않는다.

셋째, 두 이론은 최근 '관찰'에 관한 과학철학 논의에 어떤 일이 있었는지를 고려하지 못한다. 콰인의 전체론의 입장에서, (6장에서 지적했듯이) 의식에 대한 '직관적 명료함'이 자체의 이론 및 가설을 지지하지 못한다.

의식과 창의성

앞서 논의된 콰인의 '관찰의 이론 의존성'과 처칠랜드의

'이론간 환원'의 관점에서, 직관적으로 명확해 보이는 관찰 또는 체험도 '배경 믿음' 또는 '개념 체계'가 바뀌면 따라서 바뀔 수 있다. 그러므로 '직관적 믿음'에 너무 정착하지 말아야 한다. 직관적으로 명확해 보이는 주관적 감각인 '의식'이란 개념도 수정되거나 제거되는 일이 일어날 수 있다.

예를 들어, 분리뇌(split-brain) 환자에 대한 실험에서, 환자의 좌뇌는 자신이 보지 못한 것에 대해 자신이 가진 정보에 근거해서 이야기를 지어내어 대답한다 (Gazzaniga & LeDoux, 1978). (Churchland P. S. 1986, 7장 참조)

또한, 리벳의 실험(Libet, 1983)에서 보여주듯이, 의식적 결정을 하기 300밀리초 이전 뇌는 무의식적 신경망의 작용(결정)이 있었고, 그 작용이 원심성(efferent) 신경을 통해 근육으로 전달되는 도중, 구심성(afferent) 신경에 의해 뇌 스스로 자신의 결정임을 알게 된다. 그리고 뇌는 그런 모든 결정이 자신의 '정신적' 마음이 내린 것이라고 이야기를 '지어낸다'. 이런 측면에서 우리가 일상적으로 말하는 의식이란 일종의 환상이다.

앞서 살펴보았듯이, 우리의 모든 직관 및 관찰과 모든 사고는 신경망 은닉층이 담아내는 개념 체계에 의존한다. 만약 지금 명확해 보이는 개념 및 신념을 담은 은닉층 활성화 패턴이 여러 다른 관찰 및 이론의 발견으로 수정되는 일이 일어난다면, '의식' 자체 역시 이전과 완전히 다르게 이해될 수 있다. 그런 수정에 의한 학습 효과는 구체적으로 어떻게 일어날 수 있는가?

앞서 살펴보았듯이, 은닉층 활성화 패턴의 수정은 기존의 신경망을 흔들어 주는, 즉 기존의 신경망 활성화 패턴에 오륫값을 부여함으로써 촉발된다. 다시 말해서 기존의 신경망 활성화 패턴인 개념 체계 및 믿음 체계를 부정하기다. 이러한 '부정하기'는 신경망 재조직화(reorganization)를 통해 새로운 학습을 일으킨다. 부정하기만으로 신경망은 (자기 조직화에 의해서) 새로운 신경망 활성화 패턴을 탐색할 것이다. 그러므로 이렇게 말할 수 있다. 의식적으로 의심하기 및 질문하기는 신경망에 어떻게든 재귀적 처리(Recurrent Processing)를 유도한다. 그리고 그것은 신경망의 재조직화를 유도한다.

기존의 굳건한 믿음에 대한 '의심하기'를 가장 열심히 연구하고 실천하는 사람들이 바로 철학자다. 철학자는 그것을 더 잘하기 위한 두 종류의 질문을 해 왔다. 7장에서 살펴보았듯이, 첫째는 '논리적 의심'이고, 둘째는 '궁극적 의심'이다. 이러한 철학적 의심은 사실 신경 연결망의 재귀적 회로를 가동한다. 실제로 대부분 신경망은 재귀적 연결을 이루며, 가장 큰 재귀적 연결은 시상과 대뇌피질 사이의 '시상-피질 순환 회로(Thalamo-Cortical Circuit)'다(더 나은 이해를 위해 독자는 이 회로에 관한 그림을 검색해 볼 필요가 있다). 이 회로가 의식의 작동과 긴밀한 연관성이 있다는 것은 이전부터 알려져 있었다.

그런 신경 경로를 통해 어느 신경망의 출력을 입력 방향으로 되돌린다면, 여러 신경망 연결 흐름이 바뀔 수 있다. 직관적 이해와 다르게 의식을 이해해 본다면, 이런 가설에 따라 의식을 신경학적으로 연구할 수 있을 것이다. 그리고 이런 가설은 그동안 경험적으로 많은 사람들이 알고 있었던 우리의 정신 현상을 더욱 넓게 이해하는 계기가 될 수 있다.

예를 들어, 정신 강박증으로 괴로움을 겪고 있는 사람을 치유하기 위해 인지적 질문이 왜 효과적인지 이해된다. 그리고 명상을 시작하면서 지도자가 왜 특정한 생각에 집중하라고, 즉 의식하기를 강조하는지도 이해된다. 창의적 사고를 위해 질문이 중요하다고 교육자들이 왜 강조하는지도 이해된다. 이 모든 것들이 사실 의식하기의 일종으로 신경망의 재귀적 처리를 유도하는 방법이다.

그런데 질문하기를 실천하는 것만으로 모든 사람이 동등한 창의력을 발휘하는 것은 아니다. 누군가는 왜 특별한 창의력을 발휘할 수 있는가? 특히 공부를 많이 한 학자가 창의력을 더 잘 발휘하는 것은 왜인가?

참고문헌

박제윤(2013). "창의적 과학방법으로서 철학의 비판적 사고: 신경철학적 해명". 《한국과학교육학회지》, 33(1), 144~160쪽.

박제윤(2021). 《철학하는 과학, 과학하는 철학: 4권 뇌와 인공지능의 철학》. 철학과 현실사.

Chater, N.(2018). *The Mind is Flat: The Illusion of Mental Depth and the Improvised Mind*. Allen Lane. 김문주 옮김(2021). 《생각한다는 착각》. Whalebooks.

Frith, C.(2007). *Making up the Mind: How the Brain Creates our Mental World*. Blackwell Publishing.

Gazzaniga, M. S. & LeDoux, J. E.(1978). *The Integrated Mind*. Plenum Press.

Libet, B. et al.(1983). Time of conscious intention to act in relation to onset of cerebral activity (readiness-potential). The unconscious initiation of a freely voluntary act. *Brain, 106*(3), pp.623~642.

09
뇌와 AI의 언어

지식은 언어로 구성되는가?
뇌는 언어로 사고하는가?
인류는 언어로 무엇을 할 수 있는가?
언어로 대답하는 생성형 AI는 창의적인가?
창의성을 더 잘 발휘하는 방법은 무엇인가?
뇌는 어떻게 창의적 생각을 하는가?

AI와 기자?

지식과 언어

일부 인지과학자와 철학자는 진화 순서에서 '언어'가 먼저 있고 난 후, '생각'이 출현할 수 있었다고 말한다. 그들 입장에 따르면, 우리는 언어를 통해 생각한다. 다시 말해서 사고는 언어적이다. 언어로 사고한다는 것은, 언어 없이 사고 자체가 불가능하다고 추정하게 만든다. 이런 관점을 따른다면, 진화적으로 언어의 탄생 시점을 연구하는 것이 중요하며, 높은 가치가 있을 것처럼 보인다. 그 시점이 인류가 높은 지식 및 지혜를 가능케 했던 시점이라고 추정되기 때문이다.

그러나 앞서 알아보았듯이, 폰노이만은 지식이 언어적이지 않다고 말했다. 그리고 언어는 필연적 참인 지식을 제공하지도 못한다. 또한 처칠랜드 부부의 신경인식론의 입장에서, 언어는 지식의 본질이 아니다. 그들의 표상 이론에 따르면, 신경망의 표상이란 (벡터로 표현되는) 신경망의 활성화 패턴이기 때문이다. 한 마디로 우리 지식은 언어적이지 않다. 이 말이 곧 언어가 중요하지 않다는 뜻은 결단코 아니다.

다만 언어는 뇌의 신경망 작용에 의한 결과물이라는 의미다. 신경망 활성화 패턴이 지식 및 믿음의 기반이기 때문이다. 우리는 그런 활성화 패턴에 의한 언어 습관을 지니며, 그 일부만을 의식할 수 있고, 언어로 표현할 수 있다. 스스로 모든 신경망 활성화 패턴에 접근하지 못하므로, 우리는 자신 생각을 온전히 알지 못한다. 따라서 모든 지적 활동을 타인과 언어로 소통하지 못한다.

창의성이 신경망 활성화 수준에서 일어나므로, 창의성이 어떻게 일어나는지조차 스스로 알지 못한다. 창의성을 발휘했다고 공적으로 인정받는 사람에게 어떻게 그런 생각을 할 수 있었는지를 물어보라. 분명 이런 이야기를 들을 것이다. "내가 어떻게 그런 생각을 할 수 있었는지 나도 모릅니다." 가장 창의적 인물로 평가받는 아인슈타인도 이렇게 말했다.

> "나는 … 심상이 먼저 나타납니다. 말이나 숫자는 이것의 표현 수단에 불과합니다. … 과학자는 공식(수식)으로 사고하지 않습니다."(Root-Bernstein, 1999. 25쪽)

다시 말해서, 그는 어떤 이미지를 떠올린 후, 그것을 언어와 수학으로 표현한다. 언어가 사고의 기반이 아니라는 것이다.

앞서 주장했듯이, 창의적 생각 또는 아이디어란 자신의 신경망이 발견한 새로운 활성화 패턴이다. 생각이 신경망 활동에 의한 것이라면, 새로운 생각을 위해 신경망의 변화는 필수적이다. 그것을 위해 비판적으로 질문해야 한다. 이미 확립된 기초 가정의 신경망 활성화 패턴을 흔들어, 그 신경망의 새로운 활성화 패턴으로 자기 조직화를 유도해야 한다.

패러다임의 교체를 설득했던, 하버드의 물리학자이며 철학자인, 쿤(T. Kuhn)도 ≪과학 혁명의 구조(The Structure of Scientific Revolution)≫에서 "창의적 과학 탐구를 위해 과학자는 과학을 철학적으로 탐구할 수 있어야 한다"(180쪽)고 말한다. 과학을 철학적으로 탐구하라는 말은 과학에 대해 비판적으로 질문하라는 뜻이다. 그리고 그것을 잘하려면 과거 철학사에 어떤 비판적 사고와 대답이 있었는지 알아야 한다. 한마디로, 철학을 공부하는 것은 창의성을 유도하는 질문을 위해 필요하다. (철학 공부는 과학은 물론, 현대 사회적 문제를 창의적으로 해결하기 위해서도 필요하다.)

이런 관점에서 현재 생성형 AI에 대해 제공하는 함의(entailment), 즉 반드시 고려되어야 할 것이 있다. 생성형 AI는 신경망 수준의 지적 활동을 모방하기보다, 언어 자체의 연결 패턴을 확률적으로 계산함으로써 구현된다. 그러므로 현재 생성형 AI는 그 한계를 가질 수밖에 없다. 이 책은 지금까지 언어보다 신경망을 보라고 말했지만, 언어가 인간에게 매우 중요했다는 것은 아무도 부정하지 못한다.

언어와 문화

언어는 호모사피엔스, 인간종에게 탁월한 능력을 부여해 주었다. 인류가 지구 정복자가 될 수 있었던 요인 중 가장 중요한 것은, 언어를 구사할 수 있어서다. 비트겐슈타인(후기)이 말했듯이, 언어의 본질은 사실에 대한 기록(비트겐슈타인 전기)이 아니라 소통(커뮤니케이션)에 있다.

인류는 언어로 잘 소통할 수 있어서 집단 내의 발견 및 지식을 전달하고 확산시킬 수 있다. 역사적으로 동일 언어권의 여러 사회 집단은 정치적 통합의 길로 나아갔으며, 다른 언어권과의 집단적 통합은 단일 언어권을 조장하였다. 그것은 언어가 소통과 협력에 매우 중요한 수단이기 때문이다.

그뿐만 아니라, 인류는 언어를 문자로 기록할 수 있어서 '시간'을 뛰어넘는 전달도 가능하다. 우리는 오래전 조상의 지혜를 살펴볼 수 있고, 미래 세대에게 오늘의 지혜를 전달할 수도 있다. 2000년대에 사는 우리는 통신

기술에 의해 '공간'을 뛰어넘는 소통도 가능해졌다. 문자만이 아니라, AI 기술은 음성을 비롯한 거의 모든 정보를 원거리의 다른 언어권에도 전달할 수 있게 되었다. 그러므로 지금 인류는 언어권이 다른 지역들 사이에 분쟁보다 협력을 급속히 늘려나가는 중이다. (그런 역사를 거꾸로 돌리려는 독재자는 언론 및 통신을 통제하여, 소통을 단절시키려 든다.)

다양한 전문가가 서로 의견을 나누고 토론하는 학문 활동 역시 언어가 있어 가능하다. 언어 및 문자는 협력에 매우 중요하다. 그렇게 소통을 통해 협력이 가능하다는 것은, 언어 소통이 뇌의 신경망에 변화를 일으키기 때문이다. 그러므로 이렇게 말할 수 있다. 언어 정보는 신경망 활성화 패턴에 변화를 일으켜 새로운 학습을 유도한다. 이것을 다르게 표현하자면, 누군가의 뇌 정보, 즉 신경망 활성화 벡터 정보는 다른 사람의 신경망 활성화 벡터 정보를 변화시킬 수 있다. 직접적으로 말하자면, 내 신경망 벡터는 언어 소통을 통해, 타인의 뇌 신경망 벡터를 변화시킬 수 있어서, 서로 다른 사람이 유사한 신경망 활성화 벡터를 가질 수 있다.

이것이 동일 언어권이 통일된 문화를 형성하기 쉬운 이유다. 그리고 동일 문화권 사람은 유사한 신경망 활성화 패턴을 지닌다고 말할 수 있다. 나아가서 서로 다른 문화가 만날 때, 신경망 활성화 패턴에 변화를 유도하므로, 따라서 창의성이 유도된다. 서로 다른 문화권의 교류는 갈등을 일으킬 수 있지만, 문화적 및 지적 진보를 촉진할 수도 있다. 이것을 통섭 연구에 비유할 수 있다.

통섭과 창의성

누군가는 남들이 상상조차 하지 못할 아이디어를 내놓지만, 다른 많은 사람들은 그렇지 못하다. 그렇다면 창의력을 높이기 위해 비판적 사고 외에 우리는 또 무엇이 필요한가? 새롭고 유용한 창의적 생각을 얻어내려면, 자신만의 발견을 위한 기반으로, 다양한 신경망 활성화 패턴을 지녀야 한다. 그것을 가능하게 하는 것이 "통섭" 연구다. 에드워드 윌슨(Edward O. Wilson)은 저서 ≪통섭(Consilience)≫에서 이렇게 말한다.

> "통섭에 대한 탐색은 창의성을 구속하는 것처럼 보일지도 모른다. 그러나 그 반대가 맞다. 통합된 지식 체계는 아직 탐구되지 못한 실재 영역을 확인하는 가장 확실한 수단이다. 이것은 이미 알려진 것에 관한 명확한 지도를 제공하며 미래 연구를 위한 가장 생산적인 질문을 창안한다. 과학사

학자들은 올바른 답변을 하는 것보다 올바른 질문을 던지는 것이 더욱 중요하다는 점을 종종 관찰한다. 사소한 질문에 대한 옳은 대답은 별것 아니다. 그러나 옳은 질문은 정답을 알 수 없다 하더라도 중요한 발견의 지침이 된다. 미래 과학의 여정이나 상상력 풍부한 예술의 비행에서도 그러할 것이다."(Wilson, 1998: 507~508)

위의 윌슨의 설명을 처칠랜드 신경인식론의 표상이론에 따라 다시 설명할 수 있다. 통섭 연구가 창의성을 안내하는 이유는 아래와 같다.

자신의 전문 분야 외의 지식 및 이론을 공부하면, 그에 따라 새로운 지식 체계, 즉 새로운 신경망 활성화 패턴이 만들어진다. 그것은 자신의 전문 분야의 지식이 다른 학문과의 관계에서 어느 위치에 있는지를 알려줄 지도인 셈이다. 원래 지도란 자신의 위치만을 알 수 있도록 만들어진 것이 아니다. 항상 다른 것들이 어디에 있는지를 알려주면서, 그것들과의 관계에서 자신의 위치와 방향도 알려준다.

그런 만큼 통섭 연구는 자신의 미래 연구 방향, 즉 올바른 질문의 방향을 알려준다. 다른 지식 체계와의 관계에서 나오는 질문이 만약 궁극적(철학적) 질문이라면,

그것은 중요한 발견을 촉발할 것이다. 그것은 처음에 자신의 전문 분야와 상관없어 보이는 다른 분야의 지식 및 경험을 새롭고 유용한 아이디어로 변화시킬 자원이 된다. 그러므로 이렇게 말할 수 있다. 통섭 연구는 창의성을 위한 '자원'이며, 비판적 사고(질문)는 창의성을 촉발할 '원동력'이다.

참고문헌

박제윤(2012). "처칠랜드의 표상이론과 의미론적 유사성". 《인지과학》, 23(2), 133~164쪽.

박제윤(2013). "창의적 과학방법으로서 철학의 비판적 사고: 신경철학적 해명". 《한국과학교육학회지》, 33(1), 144~160쪽.

박제윤(2021). 《철학하는 과학, 과학하는 철학: 4권 뇌와 인공지능의 철학》. 철학과 현실사.

Churchland, P. M.(1995). *The Engine of Reason, the Seat of the Sou.: A Philosophical Journey into the Brain.* The MIT Press. 박제윤·이동훈 옮김(2024). 《뇌, 이성의 엔진 영혼의 자리: 뇌 안으로의 철학 여행》. 철학과 현실사.

Kuhn, T.(1962). *The Structure of Scientific Revolution*(2nd ed., 1970). University of Chicago Press. 김명자·홍성욱 옮김(2015). 《과학혁명의 구조》. 까치.

Root-Bernstein, R. & Root-Bernstein, M.(1999). *Sparks of Genius.* Houghton Mifflin co. 박종성 옮김(2007). 《생각의 탄생: 다비치에서 파인먼까지 창조성을 빛낸 사람들의 13가지 생각 도구》. 에코의 서재.

Wilson, O. E.(1998). *Consilience: The Unity of Knowledge.* Vintage. 최재천·장대익 옮김(2005). 《지식의 대통합: 통섭》. 사이언스북스.

10
차세대 AI

미래 AI는 어떤 조건을 만족해야 하는가?

AI가 도덕적 판단을 할 수 있는가?

AI가 인간을 초월한 지적 존재가 될까?

AI와 미래 의사?

AI의 반도체

지금까지 범용 컴퓨터는 중앙 처리 장치(CPU)와 기억 장치(Memory)를 통해 작동하였고, 최근 컴퓨터는 그래픽 처리 장치(GPU)를 이용하여 더욱 빠른 계산 처리를 할 수 있게 되었다. 그것을 개발한 엔비디아는 현재 생성형 AI를 선도하고 있다. 그런데 엔비디아는 실질적으로 자체의 AI, 즉 생성형 AI를 가지고 있지도 않다. 그 회사는 하드웨어만으로 현재 2025년 세계의 AI 시장을 주도하고 있다. 그렇다면 다음 세대의 계산 처리 장치는 어떤 것이 개발되고 나타날 것인가?

앞서 살펴보았듯이, 디지털 컴퓨터는 프로그램의 연속적인 명령어에 따라 작동한다. 그 명령어는, 어느 장소의 정보를 불러낼지, 그것을 어떻게 연산할지, 그 결과를 어느 기억 장소로 보내거나 출력할지 등에 관한 복잡한 내용을 담아야 한다. 그리고 그런 복잡한 기능을 수행하려면 디지털 컴퓨터는 복잡한 장치를 가져야 하고, 그런 장치들은 모두 특별한 접속 규칙과 한계를 가진다.

앞서 지적했듯이, 이러한 현재 컴퓨터 계산 방식은 신경계 구조와 기능을 엄밀히 모방하지 못한다. 가장 크게는 컴퓨터의 계산이 순차 처리인 반면, 신경계의 계산은 병렬 처리다. 그것을 알고 범용 컴퓨터의 개발자인 폰노이만은 이렇게 말했다. "병렬과 순차 작동은 서로 무제약적으로 대체 가능하지 않다."

앞서 살펴보았듯이, 우선 우리 뇌에는 중앙 처리 장치와 보조 기억 장치의 구분이 없다. 뇌에는 별도의 외부 기억 장치가 존재하지 않으며, 프로그램도 존재하지 않는다. 신경인식론의 관점에서, 신경망의 '표상' 및 '믿음'이란 신경망의 활성화 패턴으로 이해되었다. '추론'이란 그 신경망들 사이의 연결에서, 이전 신경망의 활성화가 다음 신경망의 활성화를 촉발하는 것으로 이해되었다. 그리고 그런 신경망들 사이의 연결은 뉴런으로 구성된 병렬 처리 연결 구조다. 학습은 뉴런의 연결 강도를 조정함으로써 신경망이 새로운 표상 및 믿음을 획득하는 것이며, 유기체의 행동은 그런 신경망의 활성화 패턴에 의해 조절된다. 그러므로 신경망의 추론은 이전 신경망들의 활성화 패턴에 따른 신경망 활성화 패턴을 출력한다.

현재 생성형 AI는 신경망 활성화 패턴을 모의 실행하지만, 그 학습의 대상은 '언어'다. 단어 및 어구들 사이의 관계를 확률적으로 학습하고, 그것을 구현하는 시스템이다. 그러나 앞서 살펴보았듯이, 우리의 지식 및 표상은 언어적이지 않다. 진화적 존재로서 우리의 신경망은 과거 언어 이하 수준의 학습을 통해 세계를 표상하고 생존해 왔다. 그러므로 처음부터 언어로 접근하는 생성형 AI는 동물 일반의 지적 활동을 모방하기에 제한적이다.

이런 한계는 특별히 그것의 인식론적 구조에서 나온다. 콰인이 지적했듯이, 우리의 믿음 및 판단은 모든 다른 지식 체계 또는 믿음 체계 전체에 의존한다. 은닉층 신경망 활성화 패턴은 입력층의 정보에 대한 해석 및 이해를 제공하는 원천이다. 그런 배경 믿음은 병렬 처리 계산으로 구현된다. 그와 달리 현재 AI는 기호주의 배경에서 나온 순차 처리 컴퓨터로 시뮬레이션 된다. 이것이 현재 생성형 AI가 가지는 한계다.

이런 한계를 극복하자면, 실질적 인공신경망 AI로서 NPU(neuromorphic processing units) 기반으로 새롭게 개발될 필요가 있다. 한국은 차세대 AI 발전을 위해 새로운 반도체를 준비할 필요가 있다. 뉴로모픽 하드웨어 AI는 신경망이 기억 장치이면서 프로세서의 역할을 동시에 할 수 있어서, 에너지를 최소로 사용할 것이다. 그것은 (클라우드 기반이 아닌) 장치 내에서 AI를 구동하는 온-디바이스로 작동할 것이며, 자신이 학습한 배경 지식(믿음)에서 세계를 지각하고 판단하며, 추론하는 것이 가능하다.

한국은 반도체 설계 기술과 첨단의 소프트웨어 개발

능력에서 뒤처졌지만, '저장 장치' 반도체 가공 기술은 뛰어나다. 그리고 차세대 뉴로모픽 칩은 앞선 반도체 설계와 소프트웨어 개념을 버리고 새로운 개념의 탄생을 기다린다. 앞서 1장에서 튜링이 말한 "계산"이란 저장되는 정보를 변경하는 것이라고 말했다. 그러므로 새로운 개념의 메모리는 차세대 프로세서(하드웨어)가 될 수 있다. 한국이 여기에 도전해야 한다. 지금 엔비디아가 그러하듯이, 이런 반도체를 개발하는 것만으로, 생성형 AI 개발과 무관하게, AI 시장을 주도할 수 있다. 그 주도권을 한국으로 가져올 수 있다.

AI와 뇌의 도덕

지금까지 AI를 인간 의식 수준에서 이해되는 학습과 추론을 모방시키려는 노력이 있었으며, 그것이 오늘날 놀라운 AI 문명을 열어가는 중이다. 그렇다면 우리는 그런 뇌 신경망의 활성화 패턴을 더 잘 모방하는 미래의 AI가 사회성을 학습하는 것을 상상할 수 있다. 그리고 마침내 그것이 규범성을 학습하여 도덕적으로 사고하고 행동하는 존재일 가능성도 상상할 수 있다.

지금까지 도덕 및 사회 영역은 과학 영역과 완전히 분리되어 있다고 일반적으로 믿어져 왔다. 아직 인류는 '도덕' 자체가 무엇인지에 대해 합의된 결론에 도달하지 못하고 있다. 다시 말해서, '도덕'이 무엇인지, 그리고 그 기원이 무엇일지를 아직 잘 모른다. 이런 현 상황에서 AI를 어떻게 도덕적 존재로 만들 수 있을지 말하는 것은 성급해 보일 수 있다. 그러나 적어도 '자연적 보편 학습' 신경망이 사회적 관습을 학습할 수 있다는 것은 우리가 어렵지 않게 상상할 수 있다.

AI의 특이점

앞서 살펴보았듯이, 우리는 아직 '의식'이 무엇인지에 관한 합의된 결론에 도달하지 못했다. 일부 탁월한 뇌과학자가 의식을 실험적으로 접근하고 있기는 하지만, 아직 의식을 해명하지 못한다. 그 이유는 아마도, 그것을 설명할 배경 믿음 및 배경 가설이 빈곤하기 때문일 수 있다. 그러므로 이 책은 의식을 새롭게 탐구할 낯선 방향을 제안한다.

앞서 제안했듯이, 의식이 만약 '재귀적 처리'를 촉발하여 새로운 신경망 활성화 패턴을 학습하도록 유도하고, 그 학습 결과에 접근할 수 있는 특정 신경망이 스토리텔링을 지어내는 것을 일상적으로 의식이라고 이해하는 것이라면, 그것을 실험적으로 확인하는 연구를 진행할 수 있다. 다시 말해서, 자신의 '마음'이 결심해서 새로운 생각을 얻어냈다고 이야기를 지어내는 것이 바로 의식이라고 새롭게 가정할 수 있다. 그리고 이런 가정에 따라서 마치 AI가 의식적 '의도(intention)'를 갖는 것처럼 구현할 수 있을 것이다.

만약 미래 생성형 AI가 이런 방식으로 설계된다면, 비로소 우리는 '의식'에 대해 새롭게 이해하는 날이 올지 누가 알겠는가? 현대 과학철학의 연구에 따르면, 우리는 가설적 단계에서부터 진리에 접근할 어떤 방법도 알지 못한다. 그저 유력해 보이는 가설로 실험해 보고, 그 결과에 따라 새로운 가설을 제안하는 것이 우리가 할 수 있는 전부다.

이 책은 신경인식론의 관점에서 개념과 일반화가 무엇인지 가설적 이해를 보여주었다. 만약 뇌 신경망의 하드웨어 구조를 모방하는 인공신경망 AI를 구축한다면, 그것은 인간처럼 추상적 개념과 일반화(가설)를 직접 모방할 것이다. 그것이 인공물인 만큼 생물학적 한계를 넘어설 것이며, 따라서 그것은 막강한 초월적 존재로 탄생할 수 있다. 우리 인간이 상상할 수조차 없는 개념과 일반화를 가질 것이며, 그것으로 세계를 분석하고 예측할 수 있을 것이다.

게다가 그것이 (앞서 말했듯이) 재귀적 처리 회로와 언어 모방 시스템을 통해 우리와 대화한다면, 우리는 그것에 대해 레이 커즈와일이 예상했던 '특이점(singularity)'에 도달했다고 말하게 될 것이다.

참고문헌

박제윤(2021). 《철학하는 과학, 과학하는 철학: 4권 뇌와 인공지능의 철학》. 철학과 현실사.

Kurzweil, R.(2005). *The Singularity is Near: When Humans transcend Biology.* 김명남·장시형 옮김(2007). 《기술이 인간을 초월하는 순간 특이점이 온다》. 김영사.

Kurzweil, R.(2012). *How to Create a Mind: The Secret of Human Thought Revealed.* 윤영삼 옮김(2016). 《마음의 탄생: 알파고는 어떻게 인간의 마음을 훔쳤는가?》. 크레센도.

박제윤

인하대학교 공과대학을 졸업하고, 동 대학에서 철학 석사와 철학 박사학위를 받았다. 인하대, 단국대 등에서 강의했고, 인천국립대학에서 초빙교수로 근무하고 퇴직했다. 주요 연구는 처칠랜드 부부의 신경철학이다. 그들 부부의 여러 책을 번역했다. 주요 번역서로 《뇌과학과 철학: 마음-뇌 통합과학을 향하여》, 《뇌처럼 현명하게: 신경철학 연구》, 《뇌, 이성의 엔진 영혼의 자리: 뇌 안으로의 철학 여행》, 《뇌 중심 인식론, 플라톤의 카메라: 물리적 뇌가 어떻게 추상적 보편자의 풍경을 담아낼까?》, 주요 저서로 《철학하는 과학, 과학하는 철학(전4권)》 등이 있다.